京都の地域力再生と協働の実践

新川達郎 編

法律文化社

はじめに

■ 本書を編んだねらい

　本書をひも解いていただくにあたって、はじめに、なぜ『京都の地域力再生と協働の実践』なのかを、編者からひとこと申し上げたい。まずは、本書が位置づけられる大きな背景と、そのなかでの本書の役割、そして本書を特徴づけているところについて触れておくことにしよう。

　本書を上梓することにした背景には、日本社会の変化があることはいうまでもない。とくに、日本社会の強みとされてきた成長経済や世界経済のなかでの地位について不確かな見通ししか立たなくなり、そして足元の日本社会では、成熟社会から縮退社会あるいは縮小社会への趨勢が明らかになり始めている。成長経済のもとで、再分配による豊かさの共有ができた社会から、世紀末を挟んだこの20年ほどの間には、格差の拡大など大きな社会的転換が進んできているのである。

　これらの変化は、人口構成については、少子高齢化、人口減少、世帯数の増加と世帯あたり人員数の減少として明らかになった。経済社会については、グローバル化が進むなかで、低成長経済と産業の空洞化として顕在化した。政治や行政の流動化も激しく、この20年ほどの間に、相次ぐ行財政改革、社会保障や社会福祉の大改革、そして中央省庁再編と地方分権改革、さらには政権交代まであった。

　本書の基本的な役割は、こうした変化のなかで、実はその最大の影響をこうむってきた地域社会とその住民生活をとりあげることにある。「限界集落」や「地域の空洞化」などが当たり前のように語られる状況が生まれているが、それこそがそれぞれの違いはあれ総じて地域社会の実情である。この地域社会は、しかしながら、そうした現状を甘んじて受け止めるだけの存在ではない。むしろ大げさにいえば、存亡の危機に際して、地域の力を発揮していこうとする主体

である。そうした地域づくりやまちづくりを進めていこうとする地域の住民や住民団体、事業者や行政などの力を、私たちは「地域力」と呼んでおきたい。

この地域力は、実はどこにでも潜在的にはあるのだが、これまでの地域資源論と同様に、ややもすれば見過ごされ、あるいは隠れていて未発見であることが多い。またときには、それだけでは使えないために、補完を必要とする場合もある。地域力の再生が課題になるのは、この地域力が活かされていない場合や、内外の諸力を働かせるようなしくみが機能していない場合が多いからでもある。地域力が地域力として機能しないその重大な理由のひとつは、従来あった地域のしくみが働かなくなったというだけでなく、社会・経済・政治・行政の変化のもとで地域とその住民の暮らしに適合したしくみがいまだ不十分にしかできあがっていないし、結果的に地域力がうまく機能していないからである。

阪神・淡路大震災や東日本大震災を経験して、地域の絆や結びつきの重要性について、私たちは改めて認識した。それは、単に濃密な人間関係があればよいということではなく、コミュニティあるいは近隣社会のあり方、あるいは家族や個人の暮らし方の変化に対応して、一人ひとりの暮らしを成り立たせる新たな共同性を組み立て直していく「協働」の必要性への認識でもある。地域力の再生は、かつての共同社会の復活ではなく、新たな協働社会への模索のなかにその基本的な方向性があるように思える。地域のなかにある潜在的な力を活かしていくこと、すなわち地域力を働かせる協働の実践をいかに紡ぎだせるのか、その成否が地域社会の持続可能性に直結するように思える。

本書が京都の実践例をとりあげるのは、京都において、地域力の再生にむけての取り組みが、とりわけ協働の実践という方向づけのなかで進んできていることに特徴があるからでもある。したがって、本書がとりあげる京都の事例がもつ意味は、京都の特殊性ということもできるが、そこにある京都の普遍性にも着目していただきたい。

京都の方法論は、衆目を集めるような大きな試みではなく、地域に密着した丁寧な取り組みであり、一つひとつは至極身近で小さなものでしかない地味な試みである。しかしそのなかには、持続可能な地域をつくる地域力の再生とその協働実践とが詰め込まれていると考えている。

少し違った見方をするなら、本書で逆に最も重要なキーノート（基調）になっているのは、京都の地域力再生が、協働の実践を通じて実現されていく姿である。そこにあってさらに重要なのが、住民や住民団体、NPOやボランティア団体、事業者、大学、行政がその地域力を協働を通じて働かせている様相であり、その協働実践を通じてそれぞれの地域力が再生されている姿である。地域力再生と協働を縦糸と横糸に、それが織りなす地域づくりを描き出そうとしているのが京都の試みである。

　もうひとつ本書が特徴としているのは、京都が抱える中山間や府北部の問題（京都の南北問題）にも多く触れている点である。日本の地域社会が抱える問題の縮図がここにあり、未来の日本全体の姿を先取りしているかもしれない地域なのである。そこにおける地域力再生と協働実践が、豊かな事例として報告されている。ただし、そこにあるのは単純な成功物語ではない。むしろ多くの課題が解決できず、その当初の目的を達成できないでいるところが率直に報告されている。しかしそうした営みのなかにも、地域の持続可能性を高めようという目的にむけた試みのなかにあって、協働実践から触発される新たな価値を見出す事例もある。仮に地域の衰退に歯止めがかからないとしても、協働実践を通じてそこにかかわった人びとのなかに学びがあり、新たな価値の発見や創造があれば、それは大きな成果だったといえるかもしれないのである。

　いずれにしても本書は、表面的に読むと、概論から各論へという流れにみえるかもしれないが、そこに意図されていることとしては、実は多くの事例を通じて、その背景にあるものを浮き彫りにし、かつまた事例を通じて発見されるスキルに気づく、そしてその応用を考える、こうした往還の運動が特徴であることを強調しておきたい。前提としての地域力や協働実践の議論を一般論あるいは普遍性のある論点として記しているが、それらは京都の地域力に直結する論点になっているからこそそのようにいえるのである。そこでは、京都に特殊であるかのようにみえる事例は、確かに個別の議論ではあるが、京都からの一般論に結びつく論点を内包している。

■ 本書はだれが書いたのか

　本書の目的からすれば、ここに含まれるべき執筆者は、この京都の地において、地域力再生と協働実践に深くかかわっていることが当然である。以下、本書を構成する各章の順番にそれぞれの執筆者を、とくに地域力再生と協働にかかわるところに留意しながら、簡単で恐縮ながら、ご紹介することにしたい。

　本書第1章および「はじめに」と「おわりに」を担当しているのは、編者でもある新川達郎であり、自己紹介をさせていただく。編者は、早稲田大学大学院政治学研究科を修了後、東北大学大学院助教授などを経て、1999年に同志社大学大学院総合政策科学研究科教授に転任した。その後、同志社大学に政策学部が設置され、現在その教育研究にもあたっている。専門は行政学、地方自治論、公共政策論で、著書に『公的ガバナンスの動態研究』（編著、ミネルヴァ書房）などがある。京都府では、府民参画・協働推進や地域力再生にかかわり、「京の力、明日の力──多様な主体の協働・連携による地域力再生支援プラン」の策定や、京都府庁NPOパートナーシップセンターの設置運営にも協力してきた。また、京都市の市民活動総合センターの設置や運営にも加わった。社会活動として、NPO法人日本サステイナブル・コミュニティ・センターの代表理事、公益財団法人京都地域創造基金の副理事長なども務めている。

　第2章、第3章、そして第7章を執筆しているのは、小田切康彦氏である。同志社大学大学院総合政策科学研究科を修了され博士（政策科学）を取得、この間、日本学術振興会特別研究員などを経て、現在は同志社大学高等研究教育機構の特別任用助教（有期研究員）として、大学で教育研究活動に活躍されている。著書には「地域力再生と協働」（真山達志・今川晃・井口貢編著『地域力再生の政策学』ミネルヴァ書房、所収）などのほか、論文多数がある。地域力再生に関連しては、京都府府民生活部府民力推進課・協働コーディネーターとして勤務された経験があり、現在も京都府地域力再生活動アドバイザーである。そのほかの主な社会活動としては、京都市市政改革懇談会委員やNPO法人生活環境づくり21・NPOフォーラムの理事の経験もある。また、現在も、まちづくり共生会（京都西陣地域NPO）代表や公益財団法人京都地域創造基金の公益

性審査委員などを務められている。

　第4章の執筆は、京都府府民生活部副部長の梅原　豊氏である。同氏は、京都府庁在職中に早稲田大学大学院公共経営研究科を修了された。長く京都府に勤務されており、この間に、国際交流や国際会議の誘致、京都府の中期ビジョンの策定などに尽力されてきた。地域力の再生と協働の実践に関連しては、地域力再生プロジェクトや協働のためのプラットフォームの実現を支えてきた当事者のひとりであり、現在も地域力再生やNPOの支援業務を副部長として担当されている。「『地域力の再生』と『創造する京都』の実現にむけて」「府民生活部全体をプラットフォームに」を標語に努力を重ねられている。共著書としては、前掲した『地域力再生の政策学』が公刊されている。社会活動としては、京都の食と食文化を発信する「京都味わい物語推進委員会」（非営利任意団体）の副理事長も務められている。

　第5章と第6章は、京都府府民生活部府民力推進課課長の鈴木康久氏の執筆になる。同氏は、京都府職員として、自然や景観にやさしい土木工法等の普及、都市農村交流、京の田舎ぐらしセンターの設立、新京都府総合計画（第5次府総）の策定、府庁NPOパートナーシップセンターや京都地域創造基金の設立運営にかかわり、現在は地域力再生プロジェクト、NPO法人の法令事務等の総括をされている。博士（農学）学位をもち、京都造形芸術大学等の非常勤講師も務め、著書に『水が語る京の暮らし』（単著、白川書院）、『京都　宇治川探訪』（編著、人文書院）、『京都　鴨川探訪』（編著、人文書院）などがある。第3回「世界水フォーラム」において、カッパ研究会を立ち上げて京都の水文化について報告し、その後、さまざまな水に関係する活動を展開している。水文化研究家として、カッパ研究会世話人、琵琶湖・淀川流域連携交流会代表幹事などを務められている。

　第8章と第9章の執筆は、京都府府民生活部府民力推進課副課長の神田浩之氏である。同氏は、北海道大学法学部卒業後、京都府庁に入庁され、その後、在職中に、立命館大学大学院公務研究科を修了されている。同志社大学大学院総合政策科学研究科でソーシャル・イノベーション研究プロジェクト「行政とNPOの協働実践演習」の兼任講師も務められている。ボランティアに関しては、

「中国福建省残留邦人の帰国を支援する会」のスタッフとして、主に国内外の現地調査に従事した経験もおもちである。

第10章と第11章の担当は、成美大学経営情報学部准教授の滋野浩毅氏である。立命館大学卒業後、京のアジェンダ21フォーラム勤務などを経験、この間、立命館大学大学院政策科学研究科、京都橘大学大学院文化政策学研究科を修了し博士（文化政策学）を取得されている。専門は地域政策、文化政策、まちづくりであり、現在は、京都府北部地域をフィールドに、地方の文化環境づくりや人材育成の観点からの地域力再生・地域活性化に関する研究をされている。著書には『入門 都市政策』（共著、大学コンソーシアム京都）、『観光学への扉』（共著、学芸出版社）などがあり、そのほか論文多数がある。現在、京都府地域力再生活動アドバイザー、京都府中丹パートナーシップセンター運営協議会顧問、里山の魅力を活かして地域間交流・定住促進を図るプラットフォーム代表などを務めておられる。社会活動としては、NPO法人きょうとNPOセンター理事、NPO法人北近畿みらい顧問などにも就いておられる。

■ 本書はだれのために書かれ、だれに読んでほしいか

本書が想定する読者としては、その内容からすれば、地域問題にかかわる実務家の方々であり、地方自治体の職員やその関係者、地域づくりやまちづくりに携わる専門家、またそうした活動を学ぶ学生や研究者などが中心にならざるをえない。全体に平易な記述とはなっているが、それでも一定の専門性を前提にした内容となっていることは否めないために、一般向けとは言いにくい。

しかしながら、本書の本来の目的からすれば、最も読んでいただきたいのは、地域に暮らす人びとであり、地域づくりの主体として地域力を自ら発揮していくすべての人びとなのである。とりわけそのなかでも、京都に住んでいる人に、また京都という地域にこだわって京都にかかわる人に、ぜひご一読願いたいと思っている。というのも、それぞれの地域において、暮らしを立てていくという観点からは、地域力の再生と協働の実践は、否応なく必然的な手段であり、これなしには持続可能な地域を実現していくことはむずかしいからであるし、そのことを具体的共感をもって考えていただくには、本書が扱う京都の事例は

最適であるし、まず京都にかかわる人の参考になると考えるからである。

　もちろん、広く公務員の方々、とくに地方自治にかかわって、地域政策や、地域の活性化、あるいは地域づくりやまちづくりの実務を担当し、また住民やNPO等との協働を推進する職務にある方々には、本書の内容をぜひ参考にしていただき、それぞれの地域の施策や事業のレベルアップや新たな展開に結びつけていただきたいと考えている。

　加えて、これからの地域を担っていこうという次の世代の方々、学生の皆さんにも、本書をぜひお薦めしたい。地域を今後支え続けなければならない世代の人びとにとっては、本書は多くの新しい刺激を提供し、斬新な視点で将来を考えるヒントになるのではないかと思っている。たとえば、学生諸君にとって最大のテーマのひとつは就職ということであろうが、就職試験や面接を考えても、こうした地域にかかわる諸問題は基本的な論点になるし、常にこうした知識を蓄えて思考を鍛えておくことは、評価を高めることにつながるであろう。とくに地方自治体の公務員志望の方々、あるいはそれぞれの地域を将来の活躍の場とする願いをもつ方々にとっては、本書は、面接における議論の材料にもなりそうであるし、地域にかかわることのガイド役となるであろうし、そのことを本質的に理解しかかわる態度を身につけるための格好のテキストにもなるのではないかと考えている。

　いずれにしても、本書をただ単なる京都の地域づくりの紹介として読んでいただいたのでは、私たちの執筆の趣旨が伝わらないことになる。読者諸賢におかれては、本書の目的とするところをご理解くださり、未来志向で本書を読み解いていただきたい。そうして、本書の事例や視点を今後の地域づくりやまちづくりにどのように応用できるのかを考えていただくとき、私たちが考える以上の大きな学びを得ていただくことになるのではないかと期待している。

■ 本書をどのように使っていただきたいか

　本書の読み方・使い方は、さまざまなやり方がありうると考えている。最初から通して読んでいただかなければならないし、そうしないと理解が進まない、などというものではない。どこから読んでいただいても結構であるし、むしろ

興味をひかれる事例からみていただくのが、本書への導入としては適切かもしれない。というのも、事例それ自体のもつおもしろさがあって、そこから理解を深め、アイディアを広げていくことも有効だと考えるからである。とはいえ、以下に紹介するような本書の基本的な構造は理解し、そのうえで使い方を考えていただくということがあれば、さらに効果的で効率的に本書を読み解いていただけるのではないかと思うところである。

本書は、3部の構成からなっている。

第Ⅰ部は、地域づくりやまちづくりに関するこれまでの動向と理論的な整理を中心に、ローカルガバナンス、地域力再生、そして協働の課題や意義などについて明らかにしている。

第Ⅱ部では、京都府の政策体系のなかで地域力再生や協働がどのように考えられ、施策や計画にされてきているのか、またその協働の評価や促進の方法を論じている。

第Ⅲ部では、協働の実践について、京都府の中・北部の事例をとりあげて、地域における協働やプラットフォーム形成の成果、また地域づくりの新たな兆しやそこでの人材育成の必要性などを具体的に論じている。

すなわち、地域力再生とその協働実践そしてそれらを機能させるガバナンスのあり方について、第Ⅰ部では幅広く一般的な現状と理論の観点からの整理を行い、第Ⅱ部では京都府の政策体系として方向づけをしている諸相を明らかにし、第Ⅲ部でその実践現場の報告から現状分析と今後の課題を抽出しているのである。

以下、各章ごとにその内容を概観することで、各部の位置づけやそこでの論点を確認することにしよう。

まず第Ⅰ部として、第1章「ローカルガバナンスの再編と地域再生」では、さまざまな主体が連携協力しながら地域社会を動かしていくガバナンスの諸相のなかで、地域社会が直面する諸解題を解決するために、地域の諸主体が協働を通じて地域力を発揮していく姿が明らかにされる。

第2章「自治体協働政策の動向」では、地方分権改革が進むなかで、地方自治体では行政の効率化や高度化のために協働への注目が進み、協働の考え方に

ついて条例化や制度化が行われていること、NPOと行政の協働宣言や協働促進施策が具体化されていることを示している。

　第3章「自治体協働政策が抱える問題」では、自治体現場で協働に共通理解がないこと、そのため行政と住民やNPOの双方が、互いの考え方を理解できない現実について、その問題を生み出す構造的な背景や理論的課題を示すとともに、なお協働が模索される理由を明らかにする。

　次に第Ⅱ部に入ると、第4章「京都府の地域力再生プロジェクトと協働」では、京都府がコミュニティ施策に取り組んできた背景やこれまでの経緯をふまえて、多様な主体による協働を基礎とする地域力再生プロジェクトやプラットフォームづくりがどのように展開されていったのかを、明らかにしている。

　第5章「協働の拠点：府庁NPOパートナーシップセンター」では、重要文化財である旧庁舎にNPOと行政との協働の場を設けるという基本的な考え方を実現していくまで、またセンターの空間デザインやPRを行い、スタッフを置くところまで、協働型で進めたことが描写されている。

　第6章「協働コーディネーターと地域力再生プラットフォーム」では、京都府で協働を進めるための工夫について論じている。ひとつは、NPOや住民団体と行政との関係を結び調整するコーディネーターの設置について、今ひとつは、地域力再生プラットフォームとして多様な主体が集まる場を設ける方策について記している。

　第7章「協働運営のための知識とノウハウ」では、協働を適切に機能させるために、その評価の基準や、協働の作業を進めるプロセスの留意点を明らかにするとともに、協働を促進するための条件として必要なファシリテーション・スキルやコーディネートの方法を論じている。

　さらに第Ⅲ部に入ると、第8章「京都府中部地域の事例：大槻並環境保全プロジェクト」では、京都府亀岡市の人口が減少している農村地域で、大学と地域住民との協働によって、田畑や里山の環境保全など地域の維持管理を始め、農作業の協力など地域活性化がはかられている様子とその課題が報告されている。

　第9章「京都水車ネットワーク」では、水車に関心をもっている住民団体のネッ

トワークをつくり、その場を通じて新たな活動が活発に起こり、団体間の連携が進んでいく事例を紹介している。とくに京都府南丹広域振興局という行政がプラットフォーム形成に大きな役割を果たしたことが指摘される。

　第10章「京都府北部地域の事例：人材の観点から」では、京都府北部の地域課題の解決のために、さまざまな地域活動が、住民やNPO、各種団体そしてそれらを支援するパートナーシップセンターによって行われてきているが、同時に課題解決のためには地域の人材育成が必要だということが強調されている。

　第11章「京都府北部地域の事例：協働の環境整備について」では、地域課題解決のために大学の果たす役割に注目する。住民や地元の各種団体、地方自治体、それに複数の大学が加わって、軸となる地域と大学との連携機構を設置し、それが協働型で人材育成や地域シンクタンクの機能を果たす姿を提示している。

　以上のように多様な内容をもつ本書は、もちろん、地域を学ぶ教科書あるいは研究書として、またこれからの地域力と協働のあり方を探る参考書として、あるいは京都方式の評価と批判的な検討の書として、また実務的に地域力再生方策を作成するマニュアルとして活用してくださることも考えられる。

　内容への関心からの読み方を提案するとすれば、一般論としての地域力再生と協働実践については第Ⅰ部から読んでいただき、事例によって論点を補強していただければよい。また、政策の枠組みを考えたいということであれば、第2章と第Ⅱ部とを先に読んでいただくとよい。むしろ個別の事例やその協働実践の方法に関心があれば、第Ⅲ部からみていただくとよい。どんな読み方をしていただいても本書の利用価値は高まるものと思われる。なお、その際に、巻末の参考文献と参考URLも併せてみておいていただきたい。いずれも本書の内容を確認し、補強し、さらに深めていくための手がかりになるはずである。

　いずれの使い方にしても、本書をどのように活用するのかは、読者諸賢に委ねられていると考えていただきたい。どのような読み方、活用の仕方をしていただく場合であれ、その結果は、さまざまな機会に読者の皆様から寄せられる声として、なにがしか私たち執筆者一同にとって、気づきや学びを深める貴重な機会だと受け止めさせていただければと考えているところである。

Contents

はじめに

第Ⅰ部　ローカルガバナンスと協働

第1章　ローカルガバナンスの再編と地域再生 — 2
1　ローカルガバナンスの視点 — 3
2　身近な地域が直面する危機と未来への希望 — 5
3　新たなローカルガバナンスのもとでの地域力再生と協働の実践 — 11

第2章　自治体協働政策の動向 — 15
1　地方分権と協働ブーム — 15
2　協働の制度化の現状 — 16
3　協働に関する共通認識 — 25

第3章　自治体協働政策が抱える問題 — 28
1　現場での問題認識 — 28
2　市民や企業を理解できない問題 — 29
3　協働推進における構造的問題 — 32
4　協働の理念的問題 — 35
5　協働が必要な理由 — 37

第Ⅱ部　京都府の地域力再生と協働施策

第4章　京都府の地域力再生プロジェクトと協働 — 40
1　府民発、府民参画、府民協働 — 40
2　地域力の再生がなぜ必要なのか — 41
3　地域力再生プロジェクトのスタート — 44
4　公共のコミュニティ — 52

第5章　協働の拠点：府庁NPOパートナーシップセンター — 55
1　センターの開設 — 55
2　NPO－行政の協働の第一歩 — 58
3　センターのデザイン — 62

        4 「協働コーディネーター」の誕生 ··· 64

第6章　協働コーディネーターと地域力再生プラットフォーム ───── 67
        1 協働コーディネーターの業務 ·· 67
        2 活動のスタート ·· 67
        3 団体のつくり方 ·· 69
        4 地域力再生プラットフォームの取り組み ·· 71
        5 地域力再生プラットフォームのルール ·· 72

第7章　協働運営のための知識とノウハウ ─────────────── 78
        1 協働のプロセスと評価 ·· 78
        2 協働とファシリテーション・スキル ·· 81
        3 協働の形成・持続要因 ·· 85

第Ⅲ部　協働の実践

第8章　京都府中部地域の事例：大槻並環境保全プロジェクト ───── 90
        1 亀岡市および大槻並区の概要 ·· 90
        2 大槻並環境保全プロジェクト ·· 90
        3 大槻並環境保全プロジェクトのさらなる活動 ································ 93
        4 大槻並環境保全プロジェクトを通してみたプラットフォームの評価 ········ 94

第9章　京都水車ネットワーク ────────────────────── 100
        1 京都水車ネットワークの目的 ·· 100
        2 京都府南丹広域振興局のかかわり ·· 100
        3 水車ネットワークの取り組み ·· 101
        4 今後の展望 ·· 104

第10章　京都府北部地域の事例：人材の観点から ───────────── 106
        1 京都府北部地域について ·· 106
        2 府北部地域における地域づくりの概況 ·· 107
        3 パートナーシップセンターの開設と中間支援団体の誕生 ············ 108
        4 地域固有の課題としての農山村の課題解決にあたる人材 ············ 113
        5 「新しい動き」をいかに育て、根づかせるか ·································· 117

第11章　京都府北部地域の事例：協働の環境整備について ── 120
　　1　大学の機能や役割を核にした地域連携 ── 120
　　2　府北部地域における協働推進にむけた環境づくり ── 121
　　3　京都府北部地域・大学連携機構の事業 ── 131
　　4　"地域ぐるみ"での協働推進と人材育成にむけて ── 132

おわりに
References

■ 図表一覧

　　表2－1　向日市市民協働推進条例　17
　　表2－2　「京の地域力」協働・連携宣言書～京都ウェイ～　21
　　表2－3　地方自治体の事務事業レベルにおける協働の方法　24
　　図3－1　協働について自治体が認識する課題　29
　　図3－2　協働に関する各種施策導入の際の問題　30
　　表3－1　行政、企業、市民・NPO等の特性　31
　　図5－1　ミッション実現へのアプローチ方法　56
　　図5－2　協働で相手に求める3つの要素　60
　　図5－3　「量」と「質」　61
　　表6－1　協働コーディネーターの業務　68
　　図6－1　地域力再生プラットフォーム　72
　　表6－2　地域力再生プラットフォームの協働事業の一例　74
　　図7－1　市民と行政の協働における評価項目　79
　　表7－1　NPOと企業のパートナーシップにおける評価項目　80
　　図7－2　ファシリテーターの相互学習モデル　82
　　図7－3　協働の形成および持続性に関するモデル　86
　　表10－1　NPO法人京都丹波・丹後ネットワークの団体概要　110
　　表10－2　「里の人づくり事業」の概要　114
　　図10－1　「共に育む『命の里』事業」の実施地区　116
　　表11－1　地域公共人材開発機構「『京の公共人材』未来を担う人づくり推進事業」雇用者数　122
　　表11－2　北部連携機構の組織概要　132

第Ⅰ部

ローカルガバナンスと協働

第1章 ローカルガバナンスの再編と地域再生

　これからの地域づくりを考えるとき、それぞれの地域の実情をこれまでの経過を含めて把握することと同時に、その地域をつくるしくみやその働き方に目を向けることも重要である。というのも、地域づくりが成功するかどうかは、どのような地域づくりがそれぞれの個性をもつ地域社会で主体的に展開されているかによって、左右されるからである。

　そうした地域づくりの目標にむけて、課題を解決していこうとするときに現れる、その働き方の様相をローカルガバナンスということができる。地域社会がさまざまな課題に直面して、それを解決し、持続可能な地域の理想を実現しようとするには、ローカルガバナンスの働きが必要となる。ローカルガバナンスが実際に機能するためには、このガバナンスを支える担い手たちの「力」が必要であり、その力を「地域力」ということができる。地域力は、現実には、地域社会にあるさまざまな主体がもっている力であり、現に発揮されているものもあれば、そうでなく隠れている場合もある。そうした力が発揮されてこそ、地域が維持発展できるのであるが、いま、それがうまく働いていないところや、新しい問題に対処できていないところが目につき始めている。コミュニティや地域の再生が課題にされるのもそうしたところに原因のひとつがある。地域にあるさまざまな力が発揮できていない状況において、そうした力をもう一度再生し活性化することが、肝要となる。

　そしてもうひとつ重要なのが、地域力を合わせて連携協力の成果をあげていくことである。というのも、一人ひとりの住民も、地域の団体組織も、単独では小さな力しかない場合や、活動の限界に突き当たっている場合が多く、その突破が求められているからである。

　そのための手法は、足りないところを補い合い、相乗効果をもたらす「協働」にある。すなわちこれからの地域づくりとは、地域力の再生と協働の実践である。もちろんこうした考え方は以前からあるが、いま改めて、これからの地域

づくりにむけて、地域力と協働の刷新による新たなローカルガバナンスの再構築を通じて地域再生を実現していくことが求められているのである。

1　ローカルガバナンスの視点

　一般的にガバナンスとは、ある社会を治めることや、その統治の状態や条件、その場におけるものごとの決め方ないし決まり方のパターンとして、客観的には理解されている[1]。実際にガバナンス論から論じていこうとする場合には、ガバナンスの考え方にはさまざまなアプローチの仕方があるが、いまのところ、大きく2つの見方がある。

　ひとつは、企業統治（コーポレートガバナンス）の視点から、それをとくに国や地方自治体に適用しようという観点である。あるべき論として「良きガバナンス（グッドガバナンス）」論ということもできる。そこでは、民主主義や法治主義、法の下の平等、参政権の具体的保障（公正な選挙）、市民参加、人びとの権利の平等・対等性、政治の透明性や公開性、政府の効率性や有効性などが条件とされる。

　もうひとつの議論は、「ガバメント（政府、行政）」から「ガバナンス（多様な人びとの連携協力）」へ、という意味を込めて、「新しいガバナンス」のあり方を考える議論の仕方である。ここでいう新しいガバナンスとは、さまざまな主体が共に治めるという意味での「共治」、または多様な主体による連携協力によって治めるという「協治」による新しい社会づくりやその維持管理の様式をいうことになる。そこでは市民社会部門としてのNPO・NGOや民間の主体が、重要な役割を果たすというのである。もちろんそういったからといって、国や地方自治体の役割がなくなったなどという極端な議論は影をひそめており、相変わらず、政府部門がガバナンスのなかで重要な機能を果たし続けていることは前提とされている議論が多い。

　ローカルガバナンスは、こうしたガバナンス論の観点から、日常生活を送る身近な地域をみていこうとするものである。コミュニティレベルのガバナンスを考えていこうとすると言い換えてもよい。そこには、上述した2つのガバナンスの考え方が共に入り込んだかたちでのローカルガバナンスが実際に機能し

始めるとともに、その理想像が追求されるようになっているのである。

　このように、ローカルガバナンスは、地域づくりを左右する社会形成の様式として、積極的な意味をもってとらえられているのである。すなわち、地域は、それを構成する多様な担い手が連携協力してつくりあげるものであり、そうした担い手のネットワークと協働（パートナーシップ）が地域づくりの道具（ツール）になる。その担い手とは、住民、住民活動団体（NPO、自治会町内会、地域団体など）、事業者（企業）、行政などである。

　ローカルガバナンスが働くという場合には、それらの担い手が協力して地域の問題解決ができる地域づくりの企画と実践が可能となることを意味している。もちろんそれは、地域の人びとが地域の人びとのために働くことを主に意味しているが、同時にそのためには、ヒト・モノ・カネ・情報などによる地域外とのさまざまな交流や相互支援、刺激などが必要であり、その成果もまた地域外に共有されるところがある。

　このようにローカルガバナンスが働くプロセスでは、地域づくりのために、いつ、どこで、どのようなやり方で、活動が企画・提案され、承認・認知され、実施に必要な枠組みや組織体制がつくられ、必要な資源が調達され、実行され、管理され、成果が監査・評価されるかが重要となる。そうした枠組みないしはプロセスのデザインが重要であり、そのためにローカルガバナンスが作動するうえでもつべき特性がある。それらは、以下のように要約できる。

　ひとつには、ローカルガバナンスのプロセスのなかに、ネットワーキングと協働関係の構築が求められる。それらは、基本的に、各主体間において、自主性、対等性、そして開放性が確保されなければならない。

　2つには、ローカルガバナンスの構造条件として、それが自主的・自律的に作動する法的条件（権限や財源）、空間条件（自然環境や一定の場の設定）、政治行政条件（役所やその政策との関係など）、社会経済条件（市場、人口構造）、歴史文化的条件などが整わなければならない。

　そして3つ目には、機能上の条件として、参加型の成果実現ないしは問題解決、それによる住民満足ないしは快適性や住民福祉の向上などがみられなければならないのである。

いずれにしても、ローカルガバナンス論からみえてくることは、これまでの地域づくりとは異なった担い手やその組み合わせが重要であること、地域の公共サービスについてその究極の目的は変わらないものの提供主体や方法などを含めて根本的に違ってくること、そのなかで地方自治体の位置や役割には大きな変化があることである。とりわけ、これからの地域づくりの方向の変化をふまえれば、住民の協力によるまちづくり原理が最も重視されること、そうしたローカルガバナンスを成り立たせるために地域力の再生と協働の実現が必須であるという点に注目しておきたい。

2　身近な地域が直面する危機と未来への希望

　地域社会は、いま、グローバル、ナショナル、ローカル、の各レベルを通じて構造的な変化に直面し、それらに起因する諸課題に取り組まなければならなくなっている。グローバル化の影響やナショナル・レベルでのそうした課題は、ひとつには、日本社会における少子高齢化であり、今後深刻化する人口減少である。2つには、グローバル化と成熟経済化にともなう低成長経済あるいはマイナス成長経済への移行である。もちろん、人口の成熟や減少は、経済成長を押し下げる効果をもつことになる。3つには、こうしたマクロトレンドのもとで、政治や行政が直面している諸制約である。当面は、財政制約あるいは財政危機として顕在化するが、すでに進められている行政改革や地方制度改革がさらに効率化を求めて追求されることになる。以下、こうした要因が地域社会に及ぼす影響とその結果、そしてこれからの地域再生の方向を概観してみよう。

(1)　地域社会の危機と新たな展望

　少子高齢化の影響は、地域によって大きく異なるところに特徴がある。総じて影響はまぬかれないものの、まだら模様に進行するのであり、高齢化の度合いや、人口減少には、大きな差ができる。すでに高齢化と人口減少が進み、さらには消滅が懸念される、いわゆる限界集落が、山間地、中山間地域を中心に数多い。こうした地域では、そのインパクトを織り込み対応済みのはずではあるが、現実には、国の過疎地域等の集落調査によれば、約15%が集落機能の

低下ないしは維持困難を指摘しており、約5%が今後の集落消滅を予想している。実際には、約6万5000集落のうち約6分の1が集落機能の維持の低下や困難を指摘していることになるのである。

　この状況は、過疎地域に限ったことではない。都市の内部においても、地域社会の維持に困難をきたし始めているところがある。すでに指摘されてきたとおり、1960年代から集中的に開発されてきた住宅団地において、極端な過疎化や高齢化が進んでいるし、大都市中心部においても人口減少やマンション化によって限界集落と同じような高齢社会が生まれ始めている。そして、従来こうした地域を支えてきた地縁団体である町内会自治会が、形骸化し、衰退してきている。総務省の2008年調査によれば、各種の地縁団体は約29万団体、町内会自治会と称するものは約19万団体で、1990年頃までは増加し、その後は頭打ちないしはやや減少傾向にある。問題は、総数の減少よりも、加入率や組織活動の内実にある。加入率の減少は、都市部を中心に全国各地で報告されており、役員構成の高齢化も指摘されている。

　地域社会の変化として顕著であるのは、従来機能していた地域共同体型のいわばコミュニティの衰退であり、これらは地域社会システムの崩壊を意味している。地域生活機能を包括的に果たしてきた地縁団体機能が弱体化し、地域社会の人間関係が崩れ始めている。日常生活にかかわる市場サービスが充実し、住民福祉を実現しようとする行政サービスが拡充されてきた経緯もあって、コミュニティ的なものは、いよいよ形骸化することになる。しかしながら、財政危機によって再分配型の行政サービスが機能不全に陥り、停滞経済のもとで市場サービス活動が不活発ななかでは、地域社会の急速な変化とそこにおける住民生活を支えるしくみとの間に急激にギャップが拡大していくことになる。逆の言い方をすれば、地域社会の変化は、従来地域を支えてきた行政や市場のサービスによって対応できる範囲を超え始めているともいえる。

　こうした問題に直面して、地域社会においては、住民自身が問題解決をしようとする取り組みが始まっている。従来の地縁団体だけではなく、テーマ型のコミュニティと呼ばれることの多いNPOやNGO、あるいはボランティア団体が台頭してきている。これらの力を、従来の政府公共セクターと民間企業セク

ターと対比し、市民生活を支えるもうひとつの担い手として、市民社会セクターあるいは市民セクターと称し、あるいは政府と市場に次ぐ第3番目という意味を込めてサードセクターと呼んでいる。こうしたNPOや各種の地域団体は、阪神・淡路大震災や東日本大震災などでの救援活動を通じてその重要性や存在価値を示してきているが、突発的な災害時に限らず、日常的にも、地域に根ざした活動を展開しているのである。

　地域における住民活動団体への注目は、これらが地域社会への新たな貢献の担い手として働くことへの期待が大きいからである。従来からあった活動が衰退傾向にあるなかで、新たな地域の担い手が登場しつつあること、またそれに刺激を受けた従来型の地域団体の活動が活性化し始めたのである。

　別の見方をすれば、住民の自治が、再び住民自身の手で実現され始めたということもできる。そしてその自治の担い手として、市民社会セクターと呼ばれるような、自主的・自発的な住民活動団体が登場してきたのである。そして、地域社会における公共サービスが、徐々にこうした団体によって担われるようになっている。

　それでは、地域住民団体活動の活性化によって、地域社会の持続可能性は高まったのであろうか。また、それらの団体は、住民ニーズに応えて、地域公共サービスと地域づくり活動を十分に担えるものになっているのであろうか。実際には、従来型の地縁団体を含む地域住民団体も、NPOやボランティア団体も、地域維持や地域再生を単独で担える力をもっているわけではない。こうした活動へのエンパワーメント（力づけ）や、活動の再組織化が必要となっている。そしてそれは、市民セクターだけの力では不十分であり、行政や企業との連携協力が欠かせないのである。そうした観点から全国で進められている地域力再生やそれにもとづく地域自治の再組織化は、これらエンパワーメントの要請に答えようとするものである。具体的に一例をあげれば、地域住民団体、NPO、ボランティア団体、事業者、行政などが協力して「まちづくり協議会」あるいは「地域自治協議会」などを結成して地域活動を活発化しようとする動きがあるが、これらは、地域の元気を取り戻し、地域課題を解決していくための新たな枠組みとして期待されているのである。

(2) 地域経済の衰退と活性化の展望

　地域経済に目を転じてみると、問題になるのは、グローバル化する市場システムのもとで、地域経済の主要な担い手が変化する環境に対応できず、大都市圏域を除けば衰退しつつあるという点である。市場経済を前提とする社会のなかで、それぞれの地域が生きにくさを痛感することになる。とりわけ、経済発展のなかで逆に衰退してきた農林漁業は、実際には長年にわたりそれぞれの地域を支えてきた基幹的産業であり、地域生活を市場外でも支えてきた。しかしそうした１次産業の衰退は、もはや再生不可能なところまで近づきつつある。

　工業化した地域や商業集積がある地域においても、事情は同様である。地域経済の動向は、グローバル市場経済化によって、生き残りをかけた国際的な地域間競争と比較優位のもとで、翻弄されることになる。工場の閉鎖や移転は日常化してしまい、商業集積の盛衰の速度も速い。地域経済の活性化は、都市地域を含めて、喫緊の課題となりつつあるが、そこでも、従来の伝統的な地場産業の衰退や、地域を支えてきた中小零細の商工業の消滅が顕著なものとなっている。

　これからの地域づくりあるいは地域活性化の重点的な課題のひとつは、経済社会構造を地域から考えることであろう。経済の停滞とその改革を地域から考える視点は、グローバル経済や国民経済の影響からは相対的に自立した体制のある地域経済の確立である。そのためには、域外との経済関係を強化しつつ、しかし植民地型ではない地域内循環と自給自足体制を重視していかなければならない。

　地域経済の活性化には、まず、地域の身近な小規模事業への注目が必要となる。既存の中小零細企業が地域を支えてきた側面に注目しつつ、同時に、地域のニーズに応え、あるいはニーズを掘り起こす起業が重視されるべきである。とりわけ、成熟社会における保健、医療、福祉、教育などのサービスは、従来は公共的に提供されてきた性格を組み替え、地域的にカスタマイズされ、あるいはイノベーションされて、地域を大切にする市場によって供給されるようになろう。

　農林漁業も同様に重要である。これらが地域の基盤となり、近年注目される

6次産業化[4]をも視野に収めつつ、地域独自の産業形成のシーズ（種）になっていくことを考えなければならない。また1次産業は、地域社会における住民生活の実質を支えるものとして、場合によっては物々交換レベルの支え合いに結びつく可能性がある。

　もちろん、地域経済の活発化には、地場産品の産地化、商品サービス生産と移出の拡大、観光等の交流人口の増加など、域外との交換が欠かせない。そうした地域活性化、地域振興の方策が必要となるし、そのための産業基盤の整備も欠くことはできない。産業振興施設整備、道路等の産業基盤整備、圃場整備などハード整備とその活用（ソフト）は、必須ともいえる。

　しかしながら、こうした地域経済や産業の振興をはかることは、これまでもさんざんにめざされ、財源資金が投入されてきたが、多くの地域で衰退を食い止めることはできなかった。従来とは異なった観点での地域振興を考えていかざるをえないのである。そのためには、従来とは異なった市場や交換、あるいは経済循環という観点から、地域の資源や経済機会に目を向ける必要がある。つまり、地域のヒト・モノ・カネ・コト・情報などの資源を活かす、地域重視で内需シフトの地域活性化にむけた地域住民の経済活動が継続的で活発なことである。それらは別の言い方をすれば、地域社会を次世代に手渡せる持続可能性を打ち立てる社会起業（ソーシャルビジネス）だともいえるのである。

　こうした地域経済改革と地域振興の方向は、地域力を重視しそれを活かすものとなるが、同時にその実現には、多くのハードルがある。従来のような中央主導の経済発展ではなく、地方からの分散型発展にむかうには、地域の総合力を発揮して、自己決定と自己責任のもとに、主体的な地域独自の資源配分と地域資源活用を実現していかなければならない。そのためには、従来のセクターを超えた住民、市民社会セクター、地元企業や事業者など民間営利セクター、そして行政との協力関係づくりが必須となる。

(3) 地方自治体行政の危機と再生

　行政を取り巻く厳しい環境から、3つ目に問題になるのは、地域社会を支えてきた行政の相対的な弱体化である。量的なサービスの維持と、質的にはさら

に高いサービス提供を迫られている行政は、地域社会のニーズに応えきれなくなっている。それは従来の再分配機能では資源の適正配分ができないほどに政策決定がむずかしいレベルになっていること、その一方では、経済の停滞による財政制約が厳しくなってきていることが原因である。

　とりわけ地域行政サービスを第一線で担う地方自治体は、地方分権改革の進展のなかで、自己決定と自己責任の地方自治とその強化の名のもとに、より多くの行政責任を果たさなければならなくなっている。その一方では、三位一体改革や財政ひっ迫のもとで、行財政改革を余儀なくされ、究極の行革ともいうべき市町村合併をすることになった。1990年代末には約3300あった地方自治体は、現在では1700余りとほぼ半減している。

　この間に進められた地方分権改革や少子高齢社会対応のための政策展開は、都道府県から市町村への権限移譲を進め、また介護保険に典型的にみられるように、市町村責任を重くすることになっていった。それに対応して、市町村は、長引く不況のもとでの財政危機を克服し、その限られた行財政能力を拡張するために、市町村合併に至らざるをえなくなったのである。

　地方分権、市町村合併、そして行財政改革は、市町村行政サービスの質と量を大きく組み替えさせることになった。そこには1980年代以来の「新しい行政管理（NPM）」の潮流が明らかであり、行政責任の明確化と企業経営型効率性の追求（自治体経営評価と経営責任の重視）が行われるようになった。具体的な行政経営改革としては、組織内分権化と組織のフラット化（たとえば、独立行政法人方式の採用）、アウトソーシングと民間化（たとえば、民間資金活用イニシアチブ（PFI）や官民協働（PPP）など）、消費者志向と成果主義（成績主義評価、事務事業評価あるいは行政評価）などが探求されることになった。

　合併を経験したところでは、従来以上に広域化した区域に対して、住民に身近なサービスを充実させるとともに、これまでの地域社会の機能を維持していくための工夫がなされることになった。いわゆるコミュニティ施策が重視されることになり、制度上の地域自治区や地域協議会の設置、あるいは地域自治の組織化などが進められることになった。そして地域内分権や都市内分権が、住民自治の観点から推進されようとしている。その一方では、経済危機や財政危

機に対応して成長戦略を組み立て直すことや、より高次の行政機能の充実をめざして、改めて広域行政や大都市制度の改革にむけての動きも登場してきた。

　2000年代の地方自治は、NPM型の行財政改革の推進、地方分権改革、財政危機への対応、行政評価の浸透、合併と広域行政の推進、地域内分権と住民自治重視によって特徴づけられる地方自治体の変化をみることになった。しかしそこでは、同時に、グッドガバナンス（良き統治）を実現することができたかどうかを問う観点からの反省もある。ひとつには、NPM改革の問題点として、市民参加や住民の視点の欠落があったのではないか、また2つには、プロセスの適切さに対する軽視があったのではないか、3つには、公共部門それ自体が多様な担い手によるネットワーク型の統治という観点から見直されるべきではないか、4つには、そのなかでも行政責任の再構築をするためには住民自治の活性化による役割責任の分担が必要なのではないか、5つには、行革を進めて合併に至る行政の広域化が本当に住民にとって効率的・効果的な改革であったのか、という問題指摘がされるようになっている。

　これらの疑問が表明しているのは、ローカルガバナンスの発想から、地方自治体とりわけ市町村自治の新しい方向を見つめ直そうという考え方でもある。別の言い方をすれば、市町村自治のグッドガバナンス確保をめざして、一方では、NPM型の行政改革を推進すると同時に、他方では住民協働を基軸に、地域社会への市民参加や住民による監視統制を充実させ、住民活動の活性化という視点から多様な担い手による「良き統治」を実現し、住民自治の実質化をはかろうとしているのである。

3　新たなローカルガバナンスのもとでの地域力再生と協働の実践

　さまざまな環境変化のもとで、地域社会と地方自治体は、多くの重大な危機に直面しており、その問題解決をはかり、持続可能な地域をめざして行動し始めている。そのとき、実は、ローカルガバナンスの再編が、同時に進み始めているのである。地域社会の担い手として、従来は住民福祉の実現について中心的に責任を負ってきた地方自治体の役割に対して、その見方の相対化と見直しが進み始めた。それは同時に、民間営利部門と非営利部門についても、民間が

果たす公共性や公益性への認識が変化してきたことを意味している。すなわち、まず、企業や事業者の社会的責任や企業市民としての行動が規範化され期待されるようになってきている。そしてそれとともに、町内会自治会などの地縁団体、福祉や教育等にかかわる各種の地域団体、また新たに登場してきたボランティア団体やNPO・NGOなど市民活動団体の活躍が期待されている。従来のように地方自治体の行政など公共部門だけで支える地域社会ではなく、民間とともに支える社会への構造転換がみられるのであり、これらは、「ローカルガバメント（地域統治）からローカルガバナンス（地域共治ないしは地域協治）へ」の転換を意味している。

ローカルガバナンスへの転換の背景には、重要な思想の変化ともいうべき価値軸の変更がある。従来の地域づくりが行政を中心に考えられがちであったのに対して、地域に共通する利益を実現するのは行政だけではないこと、その主役は名目だけではなく住民自身に移行するべきこと、住民は地域づくりの対象あるいは顧客ではなく主体あるいは創造者になっていくことである。実際、住民のニーズに的確かつ迅速に応えられない行政の限界が明らかになるなかで、地域づくりはガバメント（地方自治体行政）を中心にしたものから、住民を中心にした地域づくりに変化し、行政の役割は相変わらず大きいとはいえ、住民を中心とした多様な担い手による地域づくりが主流になる。そして、そこにおいて地域の「良きガバナンス」が成り立つことが求められているのである。

それでは、実践的規範としての地域の「良きガバナンス」の実現にむけて、いま、何が求められているのであろうか。すでに指摘してきたように、まず何よりも、住民や地縁団体、各種地域団体、NPOやボランティア団体、そして行政が、ローカルガバナンスを担うに足る能力を身につけることである。別の言い方をすればこれこそが「地域力」でありその再構築を意味している。そしてその焦点は、個々の組織の強化であり、そこで働く人づくりでもある。

各種の団体やその組織は、その目的達成のために必要な資源を調達し、それを運用し成果をあげる経営力を発揮することが期待されている。しかしながら現実には、リーダーシップは発揮されず、組織の経営能力は高まらず、経営刷新もままならない状況が続いている。こうした現状を打破するために、各団体

や組織の経営力向上や、組織人材開発への取り組みが始まっている。これらは地域の各種団体や組織の能力を向上させる、いわば地域力の向上に結びついているのである。

　もちろん個々の地域力再生だけでは、地域づくりは進まない。この問題もすでに触れてきたように、一人ひとりの住民や一つひとつの地域の団体の力は、必ずしも大きくはない。その不足を補い、連携協力による相乗効果をあげていくことが求められているのである。すなわち地域における住民とNPO、行政、事業者などのさまざまな連携協力、別の言い方をすれば協働の実践による問題解決を進めていかなければならない。そうした協働を実践するためには、地域の住民や既存の団体の再組織化や新たな枠組みをつくること、それに対応した各種住民団体、事業者や行政側の体制づくりが必要となっている。地域力再生には、単に担い手の能力回復だけではなく、能力向上と目的達成のために協働することができる力量を身につけることも求められているのである。

　協働による地域づくりは、これまでの担い手やセクター間にみられた競争ではなく、連携協力によって協働型の活動を活発化させ、新たな価値創造をもくろむものである。住民生活を支える協働は、日常生活のさまざまな場面から大災害などの緊急事態まで、分野を問わず教育、福祉、保健医療、消費や経済生活などさまざまな現場で進む。協働によるまちづくりの手法としては、コミュニティビジネスのかたちをとる場合や、あるいは地域保健福祉や地域教育の連携事業として共催ないしは共同実施される場合、あるいは地域基盤整備（公共事業と施設等の維持管理）などにみられる委託や補助である場合もある。

　こうした協働型の活動を地域において広げていくためには、そのための制度整備や政策的支援が必要である。実際、全国各地では、住民参加条例や協働促進条例、また住民活動促進条例や協働まちづくり条例、それらを含んだ自治基本条例などの制定が試みられており、住民自治と住民協働のための新しいローカルガバナンスの制度設計も進み始めている。

　協働促進にあたっては、地方自治体によって政策的に展開される例も多数みられる。たとえば、地域を協働社会にしていくイメージをもって、住民と行政の役割再編や、その連携協力関係構築、さらには、行政活動の構造転換、そし

て公共サービスにおける市民セクターの位置づけをし、計画的に推進しようといった方針をもった協働促進のための計画を掲げるところもある。具体的には協働事業の拡充と推進、民間からの協働事業提案や担い手の育成、協働に関する情報の提供や広報などが行われている。対等協力関係のもとに、透明で公正な協働事業のプロセスと成果を達成するために、協働のためのルールづくりや、協働推進にあたっての共同宣言や覚書の交換なども行われている。

　ともあれ、地域力の再生と協働の実践による地域づくりは、現在進行中であり、その成果は今後大きく実っていくものと予想できる。新しいローカルガバナンスのもとにおける協働実践によって、地域社会の諸課題が解決され、停滞状況にある地域が理想の地域に近づくことが可能となる。そうした地域力と協働の未来を展望できるか否かが、これからの地域の可能性を左右するものと思われる。

1）　ガバナンス論については、以下を参照されたい。新川達郎編著『公的ガバナンスの動態研究―政府の作動様式の変容』（ミネルヴァ書房、2011年）。
2）　以下を参照。総務省地域力創造グループ過疎対策室「過疎地域等における集落の状況に関する現状把握調査結果」2011年4月。
3）　2009年の総務省発表による、2008年4月1日現在の集計。
4）　農業など1次産業を基軸に、製造業など2次産業、そして流通サービス業などの3次産業を掛け合わせて（1次×2次×3次＝6次）、活性化をはかろうとすること。農商工連携という言い方もある。
5）　民間部門が果たす公共的な役割が重要であるという点については、民主党政権下において、2010年に「新しい公共」宣言として表明された。

〔新川達郎＝同志社大学政策学部教授〕

第2章 自治体協働政策の動向

1 地方分権と協働ブーム

　阪神・淡路大震災以降、市民活動の活発化にともなって注目されたのが「協働」という考え方である。行政と市民が対等な立場で相互を尊重・信頼し、パートナーとして共通の目標に向かって取り組む。こうした協働の理念は、成長社会から成熟社会へと経済・社会システムの見直しがはかられるなかで、これからの地域社会に必要な新しいパラダイムとしてとらえられ、たちまち浸透した。そして、地方自治体を中心に、次のような協働ブームともいえる状況がつくられている。

　まず、首長が市民・NPO等との協働推進を方針として示すことが一般化した。自身のマニフェストにも協働というワードが頻繁に登場するようになっている。また、そうした方針にともない、自治体庁内における"協働"を冠する部署が相次いで設置された。「協働推進課」「市民協働課」といった名称の部署が置かれ、協働に関する諸施策の立案や事業の実施がなされている。協働の理念・意義や協働の手続きについて記された「協働マニュアル」の作成、市民団体やNPOからの提案にもとづき自治体各部署と市民団体・NPOが連携して事業を行う「協働提案型事業」の実施等が典型例である。指針や条例も制定されている。近年、地方自治体において制定される条例は、自治に関するもの、まちづくりに関するもの、市民活動支援に関するもの等、さまざまであるが、協働の名称や理念はその多くにおいてとりあげられている。なかには、協働の方法やルールを自治体と市民が協働で原案をつくりあげ条例化するようなケースも現れている。

　協働のブームにはさまざまな背景があるが、自治体側の視点でとらえると次のように語られることが多い。1990年代以降、地方分権関連法の施行や合併特例法の改正をはじめ、地方分権型の社会構築が推進されてきた。地方自治体においては、その決定や実行について自らが責任を負うと同時に、財政力が低

下するなかでいかに簡素で効率的な行政運営を達成するかが喫緊の課題となっている。しかし一方では、少子高齢化や市民のニーズの多様化・複雑化により、公共サービスの需要は増すばかりである。加えて、行政が担うべきなのか、市民あるいは民間が担うべきなのか、不明瞭な政策課題も増加している。当然ながら、疲弊する地方自治体においては、それまで担ってきた公共サービスの多くを自助努力のみで維持していくことが困難な状況になっている。そこで、そうしたサービス供給における協力者、あるいは新たな担い手として期待されたのが市民やNPO等である。阪神・淡路大震災をきっかけとして、市民活動に携わる人が増えたといわれている。そして、市民活動はさまざまな場面で大きな成果をあげるようになった。1998年には「特定非営利活動促進法」が施行され、特定非営利活動法人（NPO法人）が次々と法人格を取得した。こうした一連の動きは、市民活動がかつての市民運動・住民運動等とは様相が異なること、市民が公共の重要な担い手となる可能性を秘めていること、そして、公共は行政のみが担うものではなく多様な主体がかかわるべきものであること、などを強く印象づけることになった。

　そもそも、協働の考え方は、1970年代にはすでにまちづくりの分野等でとりあげられていた。しかし、近年、地方分権の推進や市民活動の活発化という潮流のなかで、それらを上手く融合させる概念として再確認され、脚光を浴びたのである。公共サービス需要の増大と効率的自治体運営とのギャップを埋めるため、そして、公共を地域のさまざまな主体が一緒になって担おうというガバナンスや地域の自治を実現するために、協働というパラダイムが支持されているといえる。なお、協働ブームの当初は、市民活動団体やNPO法人等が自治体における主たる協働の対象となっていたが、現在では、地縁組織や社会的活動を行う企業、あるいは社会的企業等も含めた多様な主体との協働関係が模索されている。

2　協働の制度化の現状

（1）指針・条例の制定

　地方自治体においては、市民・NPO等との協働に関する諸施策の立案や具

表2-1　向日市市民協働推進条例

向日市市民協働推進条例

平成19年12月21日
条例第17号

　わたくしたちのまち向日市は、本市を中心に長岡京が造営されるなど、歴史と文化が息づく伝統あるまちとして発展してきました。また、緑豊かな西ノ岡丘陵が広がり、市民生活に安らぎを与えてくれます。わたくしたちは、先人が築いたこのまちの貴重な歴史や豊かな自然を大切にしながら、「住んで良かつた」と誇りに思えるまちを、次の世代に引き継いでゆきたいと願つています。世の中の大きな流れの中で、今、健康、福祉、教育、文化、安全、環境など、市民生活に関わる分野でさまざまな課題に直面しています。このような状況のもと、本市においては、市民、市民公益活動団体及び事業者による地域に密着したまちづくりの取組が芽生えてきており、「市民力」として期待されています。今後、市民、市民公益活動団体及び事業者による多様な活動が、まちづくりにおいて大きな役割を担い、市民、市民公益活動団体、事業者及び行政がそれぞれの役割と責任を認識し、互いの力を発揮しながら、協力してまちづくりを進めていくことが求められています。

　市民、市民公益活動団体、事業者及び行政が対等の立場でそれぞれの英知を集め、実践力をつなぎ合い、ずっと住み続けたいまちを創造するため、ここに「向日市市民協働推進条例」を制定します。

（目的）
第1条　この条例は、市民協働の基本理念を定め、市民、市民公益活動団体、事業者（以下「市民等」という。）及び市の役割及び責務を明らかにするとともに、市民協働を推進するために必要な事項を定め、市民等及び市が協力して公益の増進を図り、豊かで活力ある市民主体の地域社会の実現を図ることを目的とする。

（定義）
第2条　この条例において、次の各号に掲げる用語の意義は、それぞれ当該各号に定めるところによる。
(1)　市民協働　市民等及び市が、「自分たちで向日市をいいまちにしていくんだ」という自覚を持つてお互いに協力していくことをいう。
(2)　市民　本市に居住する者、本市で就業、就学など日常生活を営む者その他広く本市のまちづくりにかかわる者をいう。
(3)　市民公益活動団体　組織的かつ継続的に市民公益活動を主たる目的とする団体であり、その活動が次のいずれにも該当しないものをいう。
　ア　宗教の教義を広め、儀式行事を行い、又は信者を教化育成することを主たる目的とするもの

イ　政治上の主義を推進し、支持し、又はこれに反対することを主たる目的とするもの
　ウ　特定の公職（公職選挙法（昭和25年法律第100号）第3条に規定する公職をいう。以下同じ。）の候補者（当該候補者になろうとする者を含む。）若しくは公職にある者又は政党を推薦し、支持し、又はこれらに反対することを目的とするもの
　エ　営利を目的とするもの
(4)　事業者　市内において営利を目的とする事業を行う個人又は法人をいう。
(5)　市民力　市民等が協働してまちづくりの諸課題の解決に取り組んでいく力をいう。
（基本理念）
第3条　市民等及び市は、豊かで活力ある地域社会の実現のため、それぞれの役割及び責務を理解し、対等な立場で市民協働のまちづくりの推進に努めるものとする。
（市民の役割）
第4条　市民は、基本理念に基づき、まちづくりに関する理解を深め、協働する意識を持つよう努めるとともに、市民協働及びまちづくりへの参加に努めるものとする。
（市民公益活動団体の役割）
第5条　市民公益活動団体は、基本理念に基づき、互いの活動を理解し、尊重し合いながら、市民協働及びまちづくりへの積極的な参加に努めるとともに、その活動が広く市民に理解されるよう努めるものとする。
（事業者の役割）
第6条　事業者は、基本理念に基づき、地域社会の一員として、市民及び市民公益活動団体がまちづくりに果たす役割を理解するとともに、それぞれの活動に自発的に協力するよう努めるものとする。
（市の責務）
第7条　市は、基本理念に基づき、市民協働の取組を支援する環境整備に努めるものとする。
2　市は、市民等の活動及び取組を認識し、尊重するとともに、ともに考え、取り組むことのできる職員の育成に努めるものとする。
（拠点施設）
第8条　市は、市民協働を推進するための拠点施設を設置し、その充実に努めるものとする。
（市民力の育成）
第9条　市は、市民協働及びまちづくりに積極的に取り組む市民及び市民公益活動団体の育成に努めるものとする。
（情報提供）
第10条　市は、市民等が行う市民協働の推進に関する活動を支援するため、まちづくり及び市民協働に関する情報を提供するよう努めるものとする。
（相談窓口の設置）
第11条　市は、市民協働に関する相談窓口を設置するものとする。
（市の業務への参入機会）

> 第12条　市は、市民公益活動団体の活動を促進するため、専門性、地域性等の特性を活かせる分野において業務を委託する等により、市の業務への参入の機会を提供するよう努めるものとする。
> （その他）
> 第13条　この条例の施行に関し必要な事項は、市長が別に定める。
> 　附　則
> この条例は、平成20年4月1日から施行する。

体的な事業が実施されている。そのひとつが、協働に関する指針・条例の制定である。1999年から設けられているパブリックコメント制度や、2001年から施行された情報公開法等、市民の政治・政策過程への参加を促進するための制度化が行われてきた。一方、これらの国の動きに連動し、地方自治体においても、地域の特色を生かしながら行政過程への市民の参加・協働を促すしくみづくりが模索されてきた。その結果のひとつとして、現在、全国の多くの自治体で市民参加や協働に関する指針や条例が制定されている。制定の経緯やその内容、形式については実にさまざまであるが、大久保（2004）によれば、市民参加・協働に関連した条例は、①自治基本条例、まちづくり条例等の自治の原則を定めるもの（自治基本条例型）、②参加・協働の理念・原則を定めるもの（参加理念・原則型）、③ワークショップから、パブリックコメント、審議会まで、多様な参加・協働手法の具体的しくみを定めるもの（参加統合型）、④パブリックコメント等、個々の参加・協働手法の具体的しくみを定めるもの（参加個別型）、⑤市民・NPO活動の支援・促進に関するもの（支援型）、⑥参加・協働に関する規定とNPO活動の支援・促進に関する規定をひとつにまとめたもの（参加・支援総合型）、⑦主にコミュニティ組織について定めるもの（コミュニティ型）、⑧環境保全、まちづくり、福祉等、個別分野における参加・協働のしくみを定めるもの、などに大別できるという。指針や条例には、参加や協働の目的や定義、理念、自治体または市民・NPO等の役割、責務、手続き等が明記されている。表2-1は、京都府向日市で平成19年に制定された条例である。

(2) ルール整備

　指針・条例の制定と並行して、市民・NPO等との協働を推進するためのさまざまなルールづくりが行われてきた。そのひとつに、都道府県をはじめ各自治体が作成し始めた「市民（あるいはNPO等）との協働マニュアル」がある。このマニュアルは、自治体内部において協働を推進していく体制づくりと職員の意識向上を目的とした"職員向け手引き書"としての側面をもつものが多くみられ、指針や条例にもとづき協働を促進していくためのより具体的な手法や手順がまとめられている。内容としては、協働推進の経緯や背景等の基礎的知識、相互理解や対等性の重視といった協働における心得、施策や事業の実践におけるプロセスや行政的な手続き、過去の取り組み事例や先進事例の紹介、などが明記されている。

　さらに、協働の実践が増加し、その際のルール等を明確化する必要性が高まるなかで、自治体と市民が合同でルール等を作成するケースもみられる。愛知県の「あいち協働ルールブック2004」がその先駆けである。川島（2004）によると、あいち協働ルールブック2004には、次のような特徴があるという。

- NPOと行政の双方が納得するかたちで遵守すべきルールをとりまとめ、しかも、NPO側が自ら守るべきルールを具体的に定めたことに意義があり、他に例がないこと
- ルールブックを、広く愛知県内の市町村やNPOに普及、定着させることで、今後、愛知県におけるNPOと行政の協働に取り組むにあたっての「事実上の標準」（デファクト・スタンダード）としていくとの考え方をもっていること
- ルールブックの趣旨に賛同するNPOを幅広く募ったうえで、賛同するNPOと愛知県との間で「共同声明」の署名式を行うことで「事実上の標準」にむけた契機とすること

　同様に、自治体と市民、NPO等が協働に関するルールを作成し、双方が署名を交わすといった取り組みには、秋田県の「協働による地域づくり活動に関

表2-2 「京の地域力」協働・連携宣言書～京都ウェイ～

「京の地域力」協働・連携宣言書
～京都ウェイ～

　人と人とのつながりが弱くなり、日本社会が本格的な人口減少を迎える中で、子育て家庭や高齢者の孤立、地域文化や産業の衰退など、様々な課題を抱えるようになってきています。このため地域において多様な主体がそれぞれ活動を展開し、また、知識や知恵を共有しながら、協働・連携して活動を進めていくことで、こうした課題を解決し、誰もがしあわせや豊かさを実感できる京都づくりの実現を目指すことが重要です。

　京都府では、地域に暮らす人たち自身が地域の課題解決や魅力アップを進める地域力再生活動が活発になってきており、東日本大震災においても地域力の大切さが再認識されたところです。こうした活動の活性化に伴いNPO、自治会、企業、大学等の教育機関、市町村、京都府等の「公共を担う多様な主体」が、それぞれの課題や地域の実情に応じて協働・連携を行う機会も増えてきています。

　その一方で、課題や目標の共有が不十分で、それぞれの役割分担が不明確なままスタートし、個々の活動が継続できなかったり、主体間の協働・連携がうまくいかない事例も少なからずみられます。

　もちろんこうした活動がうまくいくためには、ひとつひとつ経験を積み重ねていくことが大事ですが、それに加えて、多様な主体が協働・連携していく中で、その役割や原則、更には実行内容等を明確化し、誰もが参画できる形で共有していくことにより、公共の姿をつくっていくことも必要です。

　今回、地域を担う多様な主体が集まり、議論を重ねる中で、京都府において公共的活動と協働・連携を円滑に進めるための道筋を『「京の地域力」協働・連携宣言書～京都ウェイ～』として策定することになりました。本宣言書の趣旨に賛同し署名した組織・団体等は、宣言書を実行に移すアクションや基準を定め、公開に努めることとしています。また、宣言書の内容や実行システムは、多様な主体で構成する委員会で検討し、協働・連携の経験を踏まえて定期的に見直すことで、常に進化・成長していくものとしています。

　本宣言書が、地域において公共を担う多様な主体の活動を更に活発化させるとともに、相互の協働・連携を促進させ、新たな価値創造と新しい未来につながる道「京都ウェイ」になることを期待しています。

第1章　宣言書がめざす姿
　京都府において、公共を担う多様な主体は、ともに役割を担い、それぞれの特性を活かし公共的活動に取り組むとともに、協働・連携することで、課題解決と新たな価値創造を行い、誰もがしあわせや豊かさを実感できる地域社会をつくる。

第2章　宣言書の位置づけ

① 本宣言書は、公共を担う多様な主体がその活動を更に活発化させ、相互に関係を築き、協働・連携を推進することで、よりよい成果を生み出すための基本的な枠組みである。
② 本宣言書は、お互いの信頼関係に基づき結ばれ、その実行に向け未来に進んでいく共通の道筋を示す覚書である。
③ 本宣言書は、その主旨に賛同した組織、団体が自由意志で署名するもので、署名しないことをもって何らかの不利益を被る性格のものではない。

第3章　行動のための5原則と担うべき役割
（5つの原則）
① 公共を担う多様な主体は、それぞれの特性や強みを活かした公共的活動に取り組むとともに、より多くの人たちがその活動に参加・参画できる機会を提供する。
② 公共を担う多様な主体は、それぞれ情報公開を進め活動の透明性を図り、説明責任を果たす。
③ 公共を担う多様な主体は、それぞれが持つ資源を相互に活用できる環境づくりを進める。
④ 公共を担う多様な主体は、協働・連携を進めるとともに、その場は開かれたものとし、誰もが参画できるものとする。
⑤ 公共を担う多様な主体は、協働・連携を行うに際して、活動の目的と目標について合意形成を行い、評価を行う。

（担うべき役割）
① 行政は、公共を担う民間の団体が自律して活動を行うことができる環境を整備する。
② 行政は、公共を担う民間の団体が公共の資源を活用するための明確な基準を作成し、実行する。
③ 行政は、公共を担う民間の団体の活動を積極的にPRすることで、その活動の社会的認知度を高めるよう努める。
④ 行政は、施策・事業の決定過程や実施過程等に、より多くの人たちが参画できる環境づくりを進めるとともに、地域活動への積極的な参画を行う。
⑤ 公共を担う民間の団体は、柔軟性、専門性、当事者性などの優れた特性を活かし、行政及び他の団体との協働・連携を進めることで、公共的活動を展開する。
⑥ 公共を担う民間の団体は、自らの持つ資源を公共的活動に積極的に提供する。
⑦ 公共を担う民間の団体は、自らの活動内容についての情報を発信し、社会的認知度を高めるよう努める。

第4章　宣言書の実行
① 本宣言書に署名した団体は、本宣言書を尊重し活動を行う。
② 本宣言書に署名した団体は、自ら宣言を実行に移すための実行内容（宣言実行に向けたアクション）や基準を取り決め、公開に努める。
③ 本宣言書に署名した団体の内、10程度の団体で構成する委員会を京都府が設置し、宣言を適切に実行するための課題解決や調整等を行う。

④　委員会は、協働・連携に対する意見を踏まえて、定期的に本宣言書の内容と実行システムの見直しを行う。

以上を共通の宣言とする。
　　　　　　　　　　　　　　　　　　年　　月　　日

　　　　　　　　　　　　　　　団体名
　　　　　　　　　　　　　　　代表者役職・氏名

する宣言書」や、京都府の「『京の地域力』協働・連携宣言書～京都ウェイ～」がある（表2-2）。

(3) 諸事業の実施

　市民・NPO等との協働は、市民活動を担当する部署のみならず、さまざまな分野の担当部署において具体的に取り組まれている。前述のように、各自治体では指針・条例制定や手引き書等のルール作成が行われているが、そこでは、どのように市民やNPO等とかかわるか、という方法について整理されている。たとえば、表2-3のようなかかわり方である。

　これらのかかわり方のうち、とくに定着しているのは事業委託である。この場合の事業委託とは、自治体が担当する事務を行政にはない優れた特性をもつ市民・NPO等へ、契約をもって委ねる手法である。事業委託は、古くから一般的に用いられてきた手法であるが、市民・NPO等と協働で事業を実施するにあたり、多くの自治体で用いられている。

　こうしたさまざまなかかわり方は、とりわけ事務事業レベルにおいて協働を進める方法として位置づけられている。ただし、これらは必ずしも協働推進のために新たに導入された方法ではなく、自治体が外部の組織等と事業を実施する際の方法として従来から存在したものでもある。協働推進の新たなかたちとして行われているものには、たとえば、「協働事業提案制度」の導入がある。この制度は、市民・NPO等から事業提案を募ったうえで、関連する部局・部署と協働で事業を実施するものである。事業提案は、市民側から提案を募る形

表2-3　地方自治体の事務事業レベルにおける協働の方法

- 情報交換・意見交換
  意見交換会やワークショップ等を含む日常的な情報の交換
- 政策・企画立案への参画
  政策・施策・事業の企画段階における市民・NPO等の参加・協力
- 共催、後援
  自治体と市民・NPO等の双方が主催者となる事業の開催、または、市民・NPO等が主催者となる事業の支援
- 実行委員会、協議会
  自治体と市民・NPO等によって新しく設立された組織や委員会・協議会等を主催者とした事業の実施
- 事業協定、アダプトシステム
  自治体と市民・NPO等が役割分担を決め事業協定を締結
- 事業委託
  自治体業務の市民・NPO等への委託（指定管理者制度を含む自治体もある）
- 補助、助成
  市民・NPO等が主体的に実施する公益性の高い事業の資金的支援
- その他
  さまざまな資源の提供・支援等

式が多くみられるが、一方で、自治体の各部局・部署が事業提案を行い市民側に問いかける場合もある。提案制度は、まず、事前相談や説明会等を通じて提案募集に関する情報を公開し、市民・NPO等の応募者を募るところから始まる。次に、提案のあった内容について、企画書類や公開プレゼンテーションを通じた審査や、自治体担当部署での調整等が行われる。そして、協働事業の実施に合意がなされた段階で、自治体と事業者間で協定書や契約書が交わされ、事業が実施されることになる。事業終了後には、事業報告会が開催され事業の評価が行われる。

　なお、小田切・新川（2008）の調査によれば、地方自治体と市民・NPO等が協働で実施する事業の内容としては、「イベント・フォーラム・研修・交流会等の開催」が最も多い。その他、「相談事業」「情報受発信関連事業（機関紙作成、ホームページ運営等）」「介護等の福祉関連サービスの提供」「公的施設の管理・運営」といった内容の事業が実施される傾向にある。

⑷　環境整備と人材育成

　協働を推進するための環境整備や体制構築、人材育成等が行われている。まず、協働に関する諸施策・事業を検討するための会議が設置されている。これらは「協働推進会議」や「協働推進協議会」と呼ばれる。会議は、自治体職員、学識経験者、NPO・地縁組織関係者、業界団体関係者、民間企業関係者等、さまざまなメンバーによって構成される。一定の任期のなかで、協働に関する庁内体制構築や市民・NPO等との協働を推進するための諸施策について検討・提案等が行われる。自治体外部の意見・提言等を政策形成へ反映させるねらいで設置されることが多いが、協働に関する指針・条例等の理念を具現化するために、首長がかかわり庁内に強い影響力をもつ意思決定機関として設置されるケースもある。

　また、協働推進員制度が導入されている。これは、市民・NPO等との協働の推進にむけ、自治体内各部署に協働担当を置く制度である。市民・NPO等からの相談や提案は、必ずしも市民活動・協働担当の部署にあるとは限らない。市民・NPO等からの相談や提案等があった場合に、その相談・提案等を受けた部署で柔軟に対応するための制度である。加えて、協働推進員の育成を通じ、市民・NPO等に対する理解、あるいは協働に対する理解を全庁的に促進することも重要な役割のひとつである。一般的に、協働推進員の活動は、所属部署内における市民・NPO等からの相談や提案への応答・調整、協働の推進に関する庁内での情報収集や各種調査のとりまとめ、協働に関する研修会等への参加、協働に関する情報の所属部署内への発信・周知等である。

　このほか、市民・NPOとの相互理解を深めるために、自治体職員とNPO職員等との人事交流を行う取り組みもみられる。

3　協働に関する共通認識

　以上のような協働の施策が展開するなかで、協働に関する共通認識や規範が形成されさまざまな自治体に浸透している。主要なものとしては、まず、協働の原則がある。これらは、1999年に横浜市で提案された「横浜市における市民活動との協働に関する基本指針（通称：横浜コード）」に明文化されたもので

あり、その後、他自治体の指針・条例、ルールづくり等に大きな影響を与えている。「協働の原則」は、①対等の原則（市民活動と行政は対等の立場に立つこと）、②自主性尊重の原則（市民活動が自主的に行われることを尊重すること）、③自立化の原則（市民活動が自立化する方向で協働を進めること）、④相互理解の原則（市民活動と行政がそれぞれの長所、短所や立場を理解し合うこと）、⑤目的共有の原則（協働に関して市民活動と行政がその活動の全体または一部について目的を共有すること）、⑥公開の原則（市民活動と行政の基本的事項と関係が公開されていること）、である。

　続いて、協働の領域である。これも横浜コードに関連して指摘されたものであり、市民の活動と行政との関係を5つの領域に分けて示した図が有名である（「横浜市市民活動推進検討委員会報告書」）。自発的に行う市民活動には、行政と関係しない独自の活動領域がある。また、行政が責任をもって行い市民活動とは直接のかかわりをもたない独自の活動領域がある。一方で、行政と市民がともに活動可能な領域や、双方どちらがかかわるのがよいのか不明瞭な領域も存在する。それが、「市民の主体性のもとに行政の協力によって行う領域（例：市民の活動や事業を行政がサポート）」、「市民と行政がそれぞれの主体性のもとに協力して行う領域（例：市民と行政がそれぞれ単独の企画を出し合い新しい施策や事業をつくる）」、「市民の協力や参加を得ながら行政主体のもとに行う領域（例：行政が実施する施策や事業への参画・協力）」等である。この3つの活動領域について、市民と行政が協働するというのが共通認識である。さらに、協働の領域として、いかなる内容の活動がふさわしいのか、例示もなされている。それは、①地域ごとのきめ細かい対応が必要な活動（子育て支援、高齢者介護の支援等）、②地域社会との密接な連携が必要な活動（防犯・防災、青少年の問題、環境問題等）、③専門性の高いサービスが求められる活動（芸術・文化、DV（ドメスティックバイオレンス）問題、人権の擁護等）、④合意形成が必要な活動（まちの環境を守るためのまちのルールづくり、都市計画マスタープラン、地区プラン等）である。このほか、モデル的・先駆的な活動や、機動性を求められる活動が指摘される場合も多い。

　協働の施策や事業を進める際のプロセスについても、多くの自治体で共有されている。協働を進める際のプロセスは、行政過程に合わせて、大きく、企画・立案段階、実施段階、評価段階に分類される。まず、企画・立案段階では、行

政施策や事業のニーズ・課題等について現状把握が行われる。そして、協働のパートナーに関する情報収集や意見交換が行われ、協働先が決定する。広く協働先を募集する場合には、公募が行われる。そのうえで、協働にかかる施策や事業についての予算確保や協働手法の最終決定がなされる。次に、実施段階では、進ちょく状況について情報交換をしながら、協働先との役割分担にもとづき施策や事業が実施される。そして、評価段階では、実施された施策・事業の評価が行われる。この際、協働の過程・内容・結果等を評価するための評価シートが用いられることがある。また、書面上での評価だけでなく、協働先となった団体を含めた評価報告会が行われたり、第三者委員会による外部評価が行われたりすることもある。

　自治体の協働政策への取り組み姿勢は、都道府県と市町村、あるいは自治体間で差異はあるものの、協働の原則、協働の領域といった概念や、協働の進め方・プロセス等については、規範的なものとして一定の共有化がなされている。

〔小田切康彦＝同志社大学高等研究教育機構特任助教〕

第3章 自治体協働政策が抱える問題

1 現場での問題認識

　前章で述べたとおり、自治体行政の現場においては、市民が参画するプロジェクトや、NPO、企業等との協働による施策・事業が積極的に展開されている。しかし、市民・NPO、あるいは企業等の協働は、アクターが多数になるため意思決定により多くの時間がかかり、その調整は容易ではない。また、一旦立てた計画が変更を余儀なくされることや、途中で施策・事業が進まない事態に陥ることも少なくない。ゆえに、多くの自治体職員にとって、市民・NPO、企業等とかかわることは面倒で大変な作業として認識されているかもしれない。以下では、協働の現場において生じている主要な問題をとりあげる。

　まず、協働の現場における課題について、傾向を確認しておきたい。図3-1は、自治体がNPOとの協働に関して認識している課題である（内閣府 2004）。最も回答率が高いのは、「NPOへの理解を深めること」である。この点については、全国の自治体が独自に実施している職員調査でも同様の傾向が確認されている。すなわち、現状として、自治体職員は市民・NPO等への理解が不足しており、その促進は最重要課題と認識されているということになる。むろん、市民・NPO側の自治体に対する理解も決して向上しているとはいえず、言ってみれば相互不理解の状況といえるだろう。調査では、その他、「協働事業を行う目的の明確化」、「庁内での横断的連携の促進」等、協働推進における制度整備に関する課題が指摘されている。一方、協働政策における具体的な施策や手法を導入する際には、「ノウハウがなく、進め方がわからない」、「導入することによって手間が増える」、「職員間で必要性の認識の差が大きい」等の課題があるといった調査結果も公表されている（図3-2）。積極展開されている協働の趣旨や意義については一定の理解があるものの、そこでのノウハウや現場経験の不足等から、具体的な取り組み方がわからず、戸惑いや躊躇をおぼえる職員の実態が浮かび上がっている。

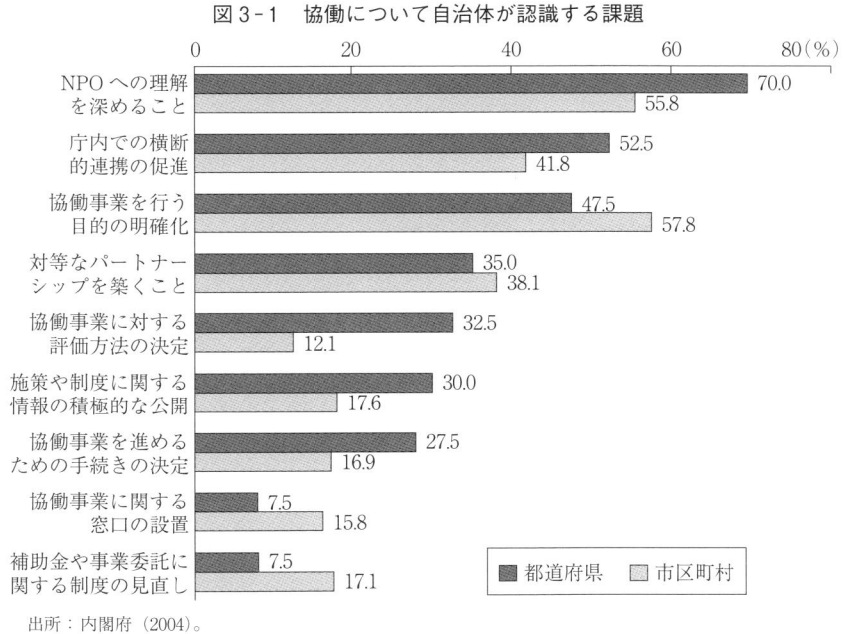

図 3-1 協働について自治体が認識する課題

項目	都道府県	市区町村
NPOへの理解を深めること	70.0	55.8
庁内での横断的連携の促進	52.5	41.8
協働事業を行う目的の明確化	47.5	57.8
対等なパートナーシップを築くこと	35.0	38.1
協働事業に対する評価方法の決定	32.5	12.1
施策や制度に関する情報の積極的な公開	30.0	17.6
協働事業を進めるための手続きの決定	27.5	16.9
協働事業に関する窓口の設置	7.5	15.8
補助金や事業委託に関する制度の見直し	7.5	17.1

出所：内閣府（2004）。

2 市民や企業を理解できない問題

(1) 意識・行動様式の差異

　自治体職員が市民・NPO等へ不理解であることは、協働における問題としてよく指摘がなされる。市民・NPO等が、よくわからない・知らないというレベルから、理解できない・信頼がおけないといったレベルまでさまざまだろう。前者のレベルであれば、単に知識や経験が不足しているということになるが、後者の場合は別である。なぜ、市民・NPO等への不理解、さらには不信が生じるのだろうか。この問題は、そもそも市民・NPO等とは意識や行動様式に大きな格差があることに由来するといっても過言ではない。すなわち、協働に参画するアクターはそれぞれ固有の意識・行動様式をもっているため、それが自らにとって理解できない、あるいは受け入れられないということになるのである。表3-1は、行政、企業、そして市民・NPO等の特性を理解する際

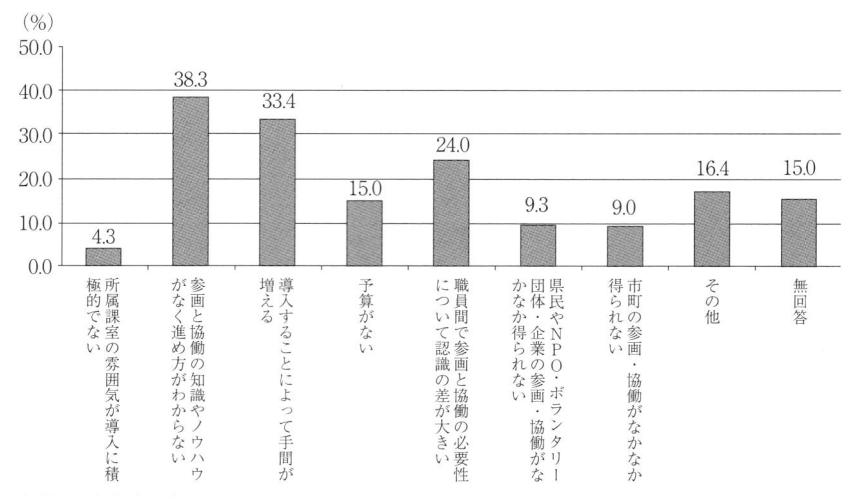

図3-2　協働に関する各種施策導入の際の問題

項目	(%)
所属課室の雰囲気が導入に積極的でない	4.3
参画と協働の知識やノウハウがなく進め方がわからない	38.3
導入することによって手間が増える	33.4
予算がない	15.0
職員間で参画と協働の必要性について認識の差が大きい	24.0
県民やNPO・ボランタリー団体・企業の参画・協働がなかなか得られない	9.3
市町の参画・協働がなかなか得られない	9.0
その他	16.4
無回答	15.0

出所：兵庫県（2007）。

の典型的な整理である。行政組織は、組織の理念として社会的合意をめざしており、議会の決定、法令等にもとづき多くの受益者へ万遍なくサービスを届けることが求められる。よって、行政職員の行動は、公平性、画一性、前例主義、減点主義、といった特徴をもつことになる。企業組織は、いかに利益を最大化するかという点が組織理念である。他の企業との競争にもとづき、利益を得られる受益者を選択してサービスを供給することになる。企業関係者の行動には、おおむね能率性、機動性、売上至上主義といった特徴がみられる。そして、市民・NPO等は特定のミッションの実現のために行動する。組織は、多くの場合信頼や共感によって成り立っており、ミッションに関係する受益者を対象にサービスを供給するかたちとなる。ゆえに、市民の行動は、自発性や互助性等によって特徴づけられるが、他方で、他者への依存やエゴといった側面ももち合わせている。

(2) 不理解・不信の構造

こうした意識・行動様式は、それぞれのアクターがもつ構造的なものであり、

表3-1　行政、企業、市民・NPO等の特性

	行　政	企　業	市民・NPO等
組織理念	社会的合意	最大利益	ミッション実現
行動原理	法令（手続き）	競争（マーケット）	共感（ネットワーク）
受益範囲	全体的	選択的	部分的
意思決定	議　会	株主総会、取締役会	理事会、役員会等
主な行動特性	公平性、画一性、前例主義、減点主義	能率性、機動性、売上至上主義	自発性、互助性、依存性、エゴ

出所：東京都政策報道室調査部（1996）をもとに作成。

簡単に変化させたり修正したりすることはむずかしい。したがって、協働の際には、他アクターの意識や行動が理解できない場面に遭遇することも増える。

　たとえば、公益に対する意識の差異についてである。行政は公益のために活動する組織であり、都道府県内あるいは市町村内におけるすべての市民の利益を考える。そして、できるだけ利益が偏らないように公平にサービスを供給することを念頭に行動する。これに対し、企業や市民・NPO等は、そうした全体的な範囲の活動に必ずしも意味を見出さない。なぜなら、自社の利益を追求しなければならない企業は、より利益が得られる領域に重点をおいて行動しようとするし、市民・NPO等も特定のエリアや人的ネットワークの範囲内に存在するミッションを追求しようとするからである。こうした姿勢の違いに遭遇すると、行政職員の目には、企業や市民は「自分たちの利益しか考えていない」と映ることになる。特定の地域や団体への関与を支持する強い根拠がないかぎり、彼らが協働に積極的に参加するモチベーションは低下してしまう。

　とりわけ、市民の意識・行動様式は、行政職員にはエゴとしてとらえられやすい。たとえば、多くの市民が集う会議の場では、「市民は行政を監視するのが昔からの仕事であって協働なんてとんでもない」、「行政は市民のやることに口を出さずに補助金だけ出せばいい」、「公に関することは市民がかかわらずに行政に任せておけばいいんだ」といった趣旨の発言がなされることも珍しくない。こうした市民を目の当たりにした職員は、公共意識の低い市民との協働の実現性を疑うのみならず、市民を格下にみる「お上」意識を強めることにもつ

ながってしまう。

　さらに、計画・方針等の変更や修正への対応についても同様である。行政の活動は、基本的に計画性をもって行われる。予算についても、その場の思いつきで税金を使用することがないよう、計画的な執行がなされる構造になっている。ゆえに、いかに計画どおりに業務を進めるかを意識する必要があるし、一度決定された計画を大きく変更したりすることはあまりない。一方で、企業や市民・NPO等は行政に比べ機動性や応答性が高い。基本的に各団体内で意思決定がなされるため、計画に変更や修正の必要性があればすぐに対応することができる。また、より良いアイデアや方法等がみつかれば、随時、それらを計画や事業等へ反映させることが可能であるし、それをよしとする組織文化をもつ。この応答性の差異は、協働における計画・方針等に対する認識の格差につながる。行政職員には、企業や市民の意識・行動は「計画性がない、見通しが立たない」と映るし、逆に企業や市民からすれば、行政職員の意識・行動は「融通がきかない」と認識されることになる。行政職員にとって、計画どおりにいかない企業や市民との協働は、不確実性の高い手段として懸念されるものとなる。

3　協働推進における構造的問題

(1)　縦割り行政・縦割り協働

　職員が市民・NPO等を理解するかどうかという問題とは別に、自治体には協働推進のうえでさまざまな障害がある。それは、そもそも自治体が協働を受け入れにくい構造をもっているという問題である。たとえば、いわゆる縦割り行政の問題がある。縦割り行政の弊害については、地方自治体レベルにおいても従来からさまざまな場面で批判の的となってきた。行政業務の遂行にあたり、各部署間の横の連絡や調整がほとんどないため、類似した事務が別々の部署で行われたり、手続きが二度手間になったりする弊害が生じる。これらの課題を克服するために、部署間の横の連携をはかる試みもさまざまに行われているが、そもそも横の連携は、部署の権限を奪ったり奪われたりする行為になることもあり、部署間で積極的な連携がなされることは少ない。これらは、当然ながら、

行政が協働でものごとを進めようとするときの障害となる。多くのアクターが集うような協働の場合、そこでの取り組みは分野横断的なものになりやすい。しかし、その横断性は、行政各部署からみれば「この取り組みはうちの担当ではない」と映りやすい。他部署と連携するしくみがない以上、横断的な取り組みを行う協働へのかかわりは消極的にならざるをえない。さらに、縦割り行政ならぬ"縦割り協働"の問題もある。全国の自治体で協働を推進するための専門部署が設置されている実態については前章で触れたが、部署が設置されること自体が縦割り構造である。市民や企業との協働は自治体内の多くの部署で起こりうることであるが、協働を推進する部署の設置は、協働する部署とそうでない部署という分担を強いてしまっている。協働担当部署およびそれらと関連のある部署では協働が推進されるが、そうでない部署では推進されないという状況が生まれている。

(2) 効率的行政運営

多くの自治体では、首長のマニフェストや条例・指針等によって全庁的な取り組みとして協働が推進されている。しかし、そうした方針は必ずしも各現場へ強制力をもつものではなく、実際には、各部署における裁量に委ねられているといってよい。その際、協働の取り組みが進められるかどうかは、協働にかかる行政側のコストが問題になる。

地方分権や行政改革が進展するなかで、自治体には、民間企業の優れた経営理念や経営手法を積極的にとりいれ、運営体質を管理型から経営型に転換することが求められている。限られた資源を有効に活用するための経営の効率化は、自治体業務の遂行において最も優先すべき事項といっても過言ではない。こうした状況下においては、協働の推進は大きな懸念材料となる。なぜなら、協働の推進は、より多くのコストがかかり行政経営の効率性を失わせる結果になると認識されているからである。たとえば、大山（2007）は、ガバナンスの強化が効率性を失う結果につながる可能性について指摘する。行政過程へ行政以外のアクターがかかわることにより、そこでの調整にかかるコストは単純に増加する。また、合意形成にも多くの時間を要するだろう。本来、企業や市民・

NPO等との協働によって施策や事業の効果が高められるのであれば、規範的には、そうした協働型の行政過程は意義のあるものとして選択肢に入るはずである。ところが、協働の選択により多大なコストがかかるとすれば、それは効率的な業務遂行にとって大きな障害となる。当然ながら、協働による行政過程は選択しにくいものとなる。行政改革によって、ただでさえ業務量が増加しつつある職員にとってみれば、たとえ協働に効果を見出せたとしても、多大なコストを払うことは拒否したいのである。

(3) 権力関係

協働が推進され始めた当初から盛んに指摘されているのが、市民・NPO等の下請け問題である。これは、とくにコスト削減のために安価にNPOへ業務委託を行う行政や、行政の資金提供等に依存し自律性を失っている市民・NPO等に対して、批判がなされている（田中 2006）。

この下請け問題には、行政と市民・NPO等との権力関係が大きく影響している。行政はいわずもがな公権力をもった組織である。法的権限や権威、ヒト・モノ・カネ・情報といった資源保有の点において、市民・NPO等に対し優位な立場にある。これに対し、市民・NPO等は、行政と比べると小さな組織にすぎない。市民・NPO等は、社会のさまざまなサービスの問題に対処するための十分な資源をもち合わせておらず、そのための専門能力が不足することも多い。すなわち、行政と市民・NPO等との間には権力関係が存在する。政策過程へ市民が参加することは、権力側の「包絡」作用と常に裏合わせになっており（篠原 1977）、両者の関係は本質的には不平等な関係といえる。協働において市民・NPO等との対等性やアクター間の水平的関係が強調されるのは、両者の間には権力による上下関係が構築されやすいからに他ならない。この上下関係の典型例は、行政と町内会や自治会等の関係である。町内会や自治会等の地縁組織は、行政と密接な関係を築いてきたが、その関係性は、行政下請けや行政の末端組織として揶揄されている。こうした上下を前提とした関係は、急激に変更することはむずかしい。行政においては、市民・NPO等を下にみる組織文化は根強く残っている。さらに、現実問題として、市民・NPO等と

対等な関係を構築するようなしくみも揃っていないし、そもそも、そのようなしくみの実現可能性は現状として不透明である。ゆえに、協働といいながらも、実態としては従来とさほど変わらない行政運営が行われることになるのである。

(4) 議会との関連

　自治体職員が市民や企業との協働の推進を考えるときに懸念材料となることのひとつが、地方議会との関連である。わが国の地方自治体は、執行機関である首長と、市民の代表である議会の議員をそれぞれ住民が直接選挙で選出する二元代表制をとっている。執行機関と地方議会は独立・対等の関係であり、緊張関係をつくりながら自治体運営にあたる責任が課されている。このうち、地方議会は、地方自治体の基本事項の決定を行うことが主な役割である。他方で、執行機関を監視・評価することも重要な役割である。議会の委員会等では、多くの場合、執行機関側の出席者が部課長等の職員であるため、市民の代表である議員は、執行機関側の職員を厳しく追及することになる。つまり、自治体職員にとってみれば、携わる業務に関して議会側から厳しいチェックを受けるわけであり、それをどう説明責任を果たすか、どう乗り切るかということが大きな関心事となる。この議会対応は、市民・NPO等との協働を行うかどうかの選択に大きく影響を及ぼす。なぜなら、市民・NPO等との行政過程における協働は、必ずしも議会の方針や決定にもとづくものとは限らないからである。協働の取り組みは、自治体の施策・事業に市民・NPO等が「直接的」に参画するかたちをとることが多く、かつそこでのさまざまな決定は各部署の裁量に任される。すなわち、協働の取り組みが増えることは、議会へ説明しなければならないことが増えるということである。協働に取り組む正統性が明確でないかぎり、自治体職員の姿勢は消極的なものにならざるをえない。

4　協働の理念的問題

　協働における重要な概念のひとつが、アクター間の「対等性」である。しかし、この対等性に関して理念的な混乱が起こっている。その混乱を示す例として、自治体から市民・NPO等への事業委託は果たして協働か、という定義を

めぐる議論が存在する。協働の方法として事業委託が行われることが多い点は前章で述べたとおりである。この事業委託に関して、業務の成果に対する権利はすべて地方自治体に帰属し、事業委託を受けた市民・NPO側に裁量はないとする指摘がある。すなわち、事業委託は上下関係を前提としており協働が想定する関係性とは相反する関係となり、協働は成り立たないという主張である。他方で、市民自治を強調する観点からも、自治体と市民との協働に矛盾が生じるという主張がある。たとえば、松下（2005）は、協働が市民主権からくる基本のしくみをごまかしてしまうと指摘する。そもそも、自治体は市民の信託にもとづいて公共にかかわる課題を政府の課題として代行しているにすぎない。自治体は、本来市民がやるべきことを税金によって代行しているのである。こうした市民主権の見方からすれば、両者の対等性という考え方は違和感があり、それを強調する協働概念は矛盾を抱えているということになる。

　これらの議論は、横浜コード（第2章**3**参照）に代表される協働の「対等の原則」について、異なる解釈が起こっているために生じているといえる。対等の原則は、そもそも、従来から続いてきた官民の上下関係ではなく水平的な関係にあることを相互に認識するという規範にあたる。このとき、対等の原則を、自治体が市民・NPO等を見下したり、あるいは市民・NPO等が自治体に依存したりしないための意識レベルでの議論と定義するのか、あるいは、自治体と市民・NPO等との政治的・制度的な関係性まで含んだ定義とするかによって、その解釈は異なる。前者については、共通の理解が得られるが、後者を議論しようとするとき、意見は分かれる。なぜなら、そもそも、有権者の一部にすぎない市民・NPOと、制度的には議会と有権者に一義的な説明責任を負っている行政との間に、対等性を保障する民主主義的根拠は薄いからである（後 2007）。

　対等性の定義づけはともあれ、ここで問題にしたいのは、理念的混乱の構造を適切に認識する必要性である。理念的混乱を生む背景として、第1に、協働理念の多義性がある。市民との対等性や責任の共有といった協働の"美しい理念"は、政府・行政と市民との関係性といったレベルから、現場スタッフの意識等のレベルまで、さまざまな場面で整理されないまま一辺倒に使用されている。当然、政府・行政と市民との関係性のあり方を考える場合と、自治体スタッ

フと市民とのコミュニケーションを考える場合とでは、協働理念のとらえ方は異なる。当然ながら、状況や立場によってその解釈は多様化するのである。協働の現場においても、「協働とは何なのか」「なぜ必要なのか」「どのようなしくみなのか」といった点について、組織間、部署間、あるいは個人間によって異なる解釈ができてしまう。これは、意識共有や合意形成をさらに困難にする。

　第2は、協働の理念と実態に大きな乖離があることである。協働には、主体間の対等性に着目したパートナーシップと事業の共同性に着目したコラボレーションがあり、いわば理念としてのパートナーシップと実態としてのコラボレーションがあるといわれる（山口 2006）。理念と実態に乖離があること自体は一般的に珍しいことではなく、そのギャップを埋めるために現実の制度やしくみについて改善・工夫が行われ、理想に近づける努力がなされる。協働の名のもとに担当部署を置き具体的な施策・事業等を展開してきた自治体の現場においても、さまざまな対策がなされているといえる。他方で、協働の理念と実態における問題の本質は、その理念が仮定するような制度やしくみを現状として実現させることがむずかしい点にある。協働が想定する対等性や水平的な関係性は、自治体職員と市民とのコミュニケーションにおけるレベルでは実現できるかもしれない。しかしながら、民主主義体制における政治的・制度的レベルでは、理念どおりの協働関係の実現を期待することは現状では困難といわざるをえないのである。

5　協働が必要な理由

　自治体においては、市民等のアクターとの相互不理解、あるいは協働のノウハウや経験不足等の問題の解消をはかるために、市民側への積極的な情報公開や、市民や協働を理解するための職員研修、協働の実践への職員参加等、積極的な取り組みが行われている。また、協働に必要な制度やルールの開発や整備も次第に進んできている。しかしながら、制度設計や手法の改善等によって解決されにくい問題や、構造的に解消が困難な問題について、解決の方向性はみえていない。自治体協働政策は、根本的な問題を抱えているのである。にもかかわらず、なぜ自治体は、こうした問題を抱えた協働政策を推進しようとする

のだろうか。

　協働政策を推進する意義や期待される効用について、一定の共通認識が形成されている。第1に、公共サービスの質の向上である。協働により、市民・NPO等が政策形成へ積極的に参画するなかで、行政はそれまで把握困難であった市民ニーズや新たな地域課題等の発掘を行うことが可能となる。そして、市民・NPO等のもつ柔軟性や機動性、専門性といった特性の公共サービスへの反映は、市民ニーズに合った効果的なものとなるだろう。公共にかかわる多様なアクターの資源活用によって、効果的に目的が達成されるという期待がなされている。第2に、行政事務の改善や規模の適正化等である。市民・NPO等と直接的にかかわることは、市民感覚を意識することでもある。これまでの行政の高コスト・非効率体質の見直しや改善が促進される。また、協働は、政策形成・実施過程における市民・NPO等との役割分担を再考することにつながる。つまり、新たな行政の役割や適正な規模が明らかになるという期待がある。第3は、地域自治の実現である。協働が展開されていくことにより、市民自らが地域の問題解決を進めようという気運が高まることになる。市民等が行政に積極的に参画したり、一方で、行政をガバナンス・統制していこうとする「自治」の意識が高まったりする。これらは、自らの選択・責任にもとづき地域づくりを行う社会の実現につながると期待されている。このほか、市民の社会貢献等の機会の拡大や、新たなマーケットや雇用創出による地域活性化といった側面も指摘されている。

　わが国の中央集権的な画一的・効率的行政システムが限界を迎えるなかで、多様な主体が公共に参画できる社会制度の構築が求められている。財政赤字で資源を有効活用できなくなった自治体行政においては、企業、市民等と協力し合わなければ機能しなくなっている。その協力体制のあり方を模索する動きが協働であり、これはローカルガバナンスの構築にむけた自治体の挑戦なのである。

〔小田切康彦＝同志社大学高等研究教育機構特任助教〕

第 II 部

京都府の地域力再生と協働施策

第4章　京都府の地域力再生プロジェクトと協働

1　府民発、府民参画、府民協働

(1)　はじまりは府民発、府民参画

　新規採用職員を対象に、最近の京都府政の動きを知ってもらうためつくった「京都府政の勝手な最近史」というものがある。山田啓二・現京都府知事が知事に当選した平成14年4月からのあゆみを表でまとめたもので、文責は筆者である。キーワードをいくつかあげているが、そのなかに、知事の選挙のスローガンでもあった「府民発、府民参画、府民協働」という言葉がある。

　府職員が府民の方々からのリクエストに応えて、担当事業を説明する「出前語らい」、知事と京都府内で活躍するさまざまな人とが意見交換を行う「知事との和い和いミーティング」、課題対応型のアクションプランの策定とパブリックコメントの実施、知事へのさわやか提案など、府民発と行政への府民参画の手法が1期目の4年間で次々と実現されていった。

　具体的な事業としては、平成16年度からカナダが発祥のモデルフォレスト運動がスタートし、平成18年度には京都モデルフォレスト協会が設立され、行政だけでなく、企業、NPO、府民がボランティアとして森林整備に参画して持続可能な地域づくりを行う試みが進められている。また、子どもが犯罪に遭う被害が増えたため、登下校等の立ち番、パトロールなどの見守り活動を行う「子ども地域・安全見守り隊」が府内の全小学校区で結成され、京都府がその活動を支援した。これと並行して、警察署の再編整備や交番等の機能充実・強化が進められ、民間と行政が連携して地域防犯力を高める施策が平成17年度から実施されている。

　総じて、1期目の施策は、京都府政の抱える課題に対して、府民から意見をもらったり、力を貸してもらうため京都府が課題や活動場所を提示し、それに府民が参画するという、府民の行政参画という面が強い時期であり、双方向の府民協働に至る前の黎明期であったように思われる。

(2) 「人・間中心」の京都づくり

　平成17年3月、山田府政として初めてまとめられた中期ビジョン「『人・間中心』の京都づくり」では、今後の重点施策の柱として①学びと育みの京都、②健やか長寿の京都、③活力の京都、④環境・文化創造の京都、⑤安心・安全の京都の5つが示された。ビジョン推進のための視点のひとつとして、「府民との情報共有に努め、府民発・府民参画・府民協働を重視すること」があげられ、「現地現場主義を基本に、府民との情報共有により行政の信頼性を高め、府民やNPOなどとの協働を進める、府民発・府民参画・府民協働の視点を重視します」と書かれた。

　「人・間中心」は造語であるが、この中期ビジョンの巻頭の知事挨拶では、「人の心や人と人とのつながりを大切にし、交流を盛んにし、さらに交流を支える基盤に投資する」という意味を込め、あえて人間の間に「・」を加え、「人と人とのつながりが戻り、府民や企業、大学、行政のさまざまなネットワークの輪が拡がり、多くの人が集い、京都発の心豊かなライフスタイルや文化が次々と創造される京都を築きましょう。『信頼』と『絆』による新たな京都の『創造』を進め、生きる喜びが実感できる『人・間中心』の京都を、府民の皆さんと力を合わせてひらいていきたいと思います」と結ばれている。

　この文章は当然ながら、ソーシャル・キャピタル[1]の考え方の影響を受けているが、では具体的にどのようにして人と人とのつながりを取り戻していくのか、どのようにしてネットワークの輪を拡げ、京都発のライフスタイルや文化を創造していくのか、これを体現する具体的な施策の合意はまだこの時期存在していなかった。

2　地域力の再生がなぜ必要なのか

(1)　地域社会の変化

　山田府政2期目の平成18年夏、知事からコミュニティ政策をやりたいという話が出た。選挙活動で府内各地を回った知事の目にとまったものは、都会の大きな団地での、昼間誰も外にいない閑散とした風景、過疎集落に行けば出迎えるのはお年寄りばかりという風景であった。多世代の子どもたちが屋外でグ

ループをつくって遊んでいたり、奥さんたちが井戸端会議をしているといった光景をみかける機会は少なくなったし、「限界集落」というような言葉もマスコミで頻繁にとりあげられるようになっていた。

　大量生産・大量消費による、常に右肩上がりの経済成長をめざす近代社会は、人びとを土地＝地域から切り離し、遠く離れた工場やオフィスに送り出し、勤勉な労働者として働くことを求めた。また、テレビの普及や価値観の多様化、さらには核家族化や少子高齢化が急速に進み、農村社会的な濃厚なコミュニティは弱体化していき、個人主義が大事にされ、人びとも互いに干渉されることを嫌う社会が一般的となってくる。

　本来、人と人とが交わることで、コミュニティは地域社会や会社、学校など人が帰属するさまざまな場面で形成され、共通の体験をもち、感情や意見、知恵を交換することで、そのなかで発生する課題を解決していく力（地域社会の場合は「地域力」）をもつことになる。しかし、人と人とのつながりが希薄になり、コミュニティが弱体化していくと、自ら解決していく力が失われ、地域でさまざまな問題が発生しその解決が難しくなる。

　実際に京都では、平成7年に2.70人であった1世帯あたりの人員は平成17年に2.43人と減少しており、家族のなかでの、おじいさん、おばあさん世代からの知恵の伝達の機会も少なくなり、家庭力そのものも力を弱めていく。また、1990年代の中頃あたりから、地域社会の状況を示すデータが急激に悪化していくのがみてとれる。児童虐待の相談件数、軽犯罪、児童・生徒に占める「不登校」、自殺、などの増加が次々と起こり、どの自治体も地域発の新しい課題の対応に追われることになる。

　さらには、経済のグローバル化は世界中を席巻し、製造業の生産拠点の海外移転、非正規雇用の増加、大規模店舗進出による商店街の衰退など、戦後日本を支えた産業基盤そのものも大きく変わり、経済の長期停滞もあり、地域社会に暮らす私たちの生活は大きな不安のなかに置かれている。第2次世界大戦後、右肩上がりの経済成長に支えられ、「ゆりかごから墓場まで」という、人生のすべてを国や行政が面倒をみてくれるという福祉国家の出現は、反作用として政府や経済界の肥大と市民社会の縮小という社会状況を生み出した。先進国の

経済が成熟し、低成長を迎えるとともに、その維持が難しくなり、その後周期的に訪れるバブル経済と経済不況は各国の健全な中間層に打撃を与え、貧富の格差を大きくしている。

(2) 新しい動き

脱資本主義や第3次産業革命、分散型のエネルギー社会などさまざまに新しい社会の模索が始まっているが、地域社会でもこうした課題に対応して、新しい動きが活発になってきている。

地域の包括的な地縁組織である自治会や町内会が求心力を失う一方で、テーマ型のコミュニティといえるNPOが多くつくられ、地域でのプレゼンスを強めてきている。わが国では、平成10年12月1日、特定非営利活動促進法が施行されたが、認証法人数は平成25年1月末時点で、全国4万7123法人、京都府内1262法人を数えている。その活動内容はまちづくりや環境保全にとどまらず、子育てや高齢者の支援など福祉関係、若年者の雇用支援などの労働関係等多岐にわたっており、放置竹林対策や認知症の家族の支援、買い物難民の支援など、新しい課題に対しても対応をとろうと次々とNPO法人が生まれている。また、個々の活動の中間支援活動を行うNPO法人の存在も大きくなってきている。

初期のNPO法人は、比較的地域とのかかわりが薄いものが多かったが、最近のNPO法人は、ミッションが地域課題の解決にかかわるものが多く、その解決手法も地域の住民や行政、大学、企業などの関係機関と連携する事例が増えてきており、NPOの地域化という現象がみえてきている。一方、自治会の方もまちづくり委員会といった、課題別の組織を任意団体やNPO法人のかたちでつくり、活動の活性化をねらう、自治会のNPO化というべき事例も増えてきている。

また、大学でも政策系の学部や大学院が整備され、リエゾンオフィスを核とした理系の産学官連携だけでなく、文科系の分野で地域との連携が進むとともに、社会的貢献活動に取り組む企業や地域課題の解決そのものをミッションに掲げ、その解決の手法としてビジネス的手法をとりいれる社会的企業が増える

など、地域社会の公共の担い手として、大学や企業も大きなウェイトを占めつつある。

こうしたことを背景に、昭和30年代のような濃厚なコミュニティとは違うが、インターネットやSNSといった新しいネットワークのあり方にも対応しつつ、もう一度人と人とのつながりを取り戻し、市町村ではなく、京都府という広域エリアのなかで、地域課題の解決や地域の魅力アップに取り組もうという思いをもつ、公共にかかわるさまざまな人や主体を支援し、その人たちとの多様な協働・連携関係を京都府がコーディネートすることで、住民自身の手により社会課題の解決が進み、新しい社会的価値が不断に生み出される社会をつくっていこうという思いで、京都府が始めたのが地域力再生プロジェクトであった。

3 地域力再生プロジェクトのスタート

(1) はじめのはじまり

地域力再生プロジェクトの本格的スタートは、平成19年度、総務部自治振興課に地域力再生担当が置かれたことに始まるが、前年の11月に学識経験者や地域活動に取り組んでおられる方、市町村の首長などからなる推進会議を設立させ、次年度事業の企画が進められていた。11月と12月に開催された推進会議の資料をみてみると、地域力を「住民やNPO、企業、自治体等の地域構成員が、自律的かつ互いに助け合い、知恵と工夫を出し合い、協働しながら地域社会の問題を解決し、地域としての魅力や価値を向上し、持続可能な地域社会をつくっていく力」として定義している。

また、推進会議に提出した参考資料に、地域力再生プロジェクトのルールというものがあり、

- プロジェクトの主体は、社会の多様なステイクホルダー（住民、ボランティア組織、NPO、協同組合、企業等）であること
- 不特定多数が参画する機会が開かれており、施策の成果が不特定多数に（社会全体に）還元されること

- 行政は、それぞれ対等・平等なステイクホルダーのなかの1ステイクホルダーに徹し、地域の力、人の力が最大限発揮される環境づくりに努めること
- 地域の人材あるいは理念に共感した人びとのもつ多様な能力や知恵・アイディアを活用し、地域固有の歴史、自然、文化、産業等の資源を活かすこと
- プロジェクトに要する経費はステイクホルダーが分担して賄うこと

といった項目があげられている。

　いま改めてみてみると、地域力再生を行う主体の多様性、それぞれの主体の独立性、参画する機会が開かれているというオープン性、行政も主体のひとつであるという対等性、共感をもとにアイディアや知恵、地域資源を活用しながら地域の力、人の力を最大限にしていくという協働性などがキーワードとして内包されていることがみてとれる。

(2) ファーストステージ（平成19～21年度）

　さて前置きが長くなったが、平成19年度からの話である。地域力再生プロジェクトの施策の柱として、①市民社会のエンパワーメント、②つながりをつくる、③枠組みを変える、の3つを立てて事業が始まったが、市民社会のエンパワーメントとして一番の大きな施策が「地域力再生プロジェクト支援事業交付金」である。

　自治会やNPO（任意団体でも可）、実行委員会等を対象に、住民発意による、地域をより良くしていこうという取り組みを、行政の縦割りを排してすべて財政的に支援していこうというもので、事業費のうち京都府から3分の1、市町村（実際には市町村振興協会が支援）から3分の1を交付金として支援するものである。

　対象事業は子育て支援、共助型福祉、防災・防犯、地域美化、環境保全、地域産業おこし、地域商業の活性化、農村・都市交流、地域文化等多岐にわたっており、交付実績は、19年度326件・1億6830万円、20年度386件・1億9736万円、21年度438件・2億4100万円であった。

　交付金の目的は、地域課題について住民自身が気づき、自分たちの力で解決

し、魅力ある地域をつくっていくという住民自治社会の実現であったが、もうひとつには、活発になってきたこうした活動団体と京都府や市町村が積極的に協働関係をもつことで、行政の施策立案プロセスを変え、ひいては地域のガバナンスのあり方を変えていきたいという思いがあった。

　したがって、4月と9月の2回にわたって交付金の募集を行っているが、活動団体からの申請に対し、自治振興課と広域振興局の職員が直接申請者と会い、その思いや事業内容を聞く機会をつくるとともに、地域の団体や学識経験者、市町村からなる支援会議をブロックごとに設け、聞き取った内容をフィードバックさせながら、交付決定にむけ意見を聴くこととした。

　交付金を申請する、交付金を支給するという民間と行政との従来の上下の関係性を変え、地域づくりを進める仲間として、横の関係性を築いていくことが一番大事と考えたのである。

　交付金以外に、交付金の支援を決定した団体を中心に、ブロック別、テーマ別に集まり意見交換を行う「コラボカフェ」、先進的な活動を訪ね自団体の活動の参考にする「リレー塾」、京都府との協働事業の提案を募集し実施していく「提案コンクール」、活動の担い手を育てる「わくわく塾」、活動内容を共同PRする「コラボ博覧会」なども開催した。

　3年間の支援活動数は1150件、府職員が一人ひとりの申請者と話をし、コラボカフェなどで思いを語ることで、地域で何かをしなければという思いを抱き、活動をしている人、あるいは活動をしようという人の存在が、かかわった府職員や市町村職員に確認できたのが、ファーストステージの3年間であった。民間団体にとっても、行政職員と思いを共有することで、地域とかかわっていこうという職員の存在が確認でき、民間と行政の垣根が少し低くなったのではなかろうか。

　実際、府職員のなかには、福知山市の雲原砂防イベント実行委員会が行う「ドラム缶ころがしタイムレース」のように、交付決定をした活動にボランティアとしても積極的にかかわる例も多くあり、団体からは、これまでは市民から遠い存在であった京都府に対する見方が完全に変わったと評価をもらった事例もある。また、市町村からも、「各地域でこれまでにない思い切った取り組みが

展開され、地域間・世代間の人と人とのつながりや地域の連帯感が強まった」、「行政と接点がなかった団体と交流がもて、互いに協力して実施する事業が増えた」といったアンケートでの意見が返ってきていた。

このほか、活動団体間で、協働・連携して事業を進めるということも自然発生的に起こり始める。京都市内で着物の振興を行っている団体が最南端の南山城村でお茶の振興を行っている団体と協働して、村の茶畑を着物で歩くイベントを実施したり、放置竹林の整備を行っている団体の活動に同じ市内で障害者の支援を行っている団体が障害者を連れていくなど、京都府という南北に広いエリアで、市町村や広域振興局という行政の境や行政業務の縦割りを超えて、人がつながり、活動がつながっていき、21世紀型のコミュニティというものが集落や自治会、市町村、さらには都道府県という地理的な地域に縛られず、形成されていくものであるということを示してくれた。

(3) セカンドステージ（平成22〜24年度）

地域力再生の交付金は当初3年間限定としており、交付金を続けるのか、続けるとした場合、交付金の内容をどう変え、プロジェクトそのものをどう進めていくのかが問題であった。

平成21年度に京都府立大学等ととりまとめたプロジェクトの評価に関する調査報告書では、市町村では「地域で変化があり評価する」とした団体が26団体中22団体、「市町村の組織のなかでも変化があり評価する」とした団体が20団体であった。当然かもしれないが、活動団体の自己評価では9割を超える団体が、地域力再生プロジェクトの実施により「課題の解決に近づいた」、「団体のメリットになったと実感」と回答しており、交付金の継続を望んでいた。

「新しい活動が起こせたり、既存の活動が活発化する契機となった」、「他の府民や地域での認知度が高まり、理解者や活動に参画する人の数が増えた」というような個別のエピソードもあり、「住民の互助による公共的サービスの提供や地域の魅力アップ、経済効果などの点で実績があり、一定の成果を地域にもたらすとともに、そうした活動を担う人材が成長してきたことがわかる」と分析された。

すでに、平成21年度には京都府がきょうとNPOセンターに協力して、公益財団法人京都地域創造基金が設立され、民間団体が民間寄附を集め、地域活動に財政支援を行うしくみができていたが、まだその活動は未知数であり、また多くの活動団体は財政的基盤が弱いが、地域の公共を担う重要な役割を果たしているという認識のもと、次の3年間の交付金延長を決定した。より活動のタイプに応じた支援をということで、一般的な公共的活動に加えて、子育て支援、共助型福祉、防災・防犯、環境保全の分野で事業費が小規模なものについては交付率を3分の2にして支援を厚くするとともに、ソーシャルビジネスをめざす活動や道路、河川敷など公共空間を活用して地域の活性化をめざす活動などは別にメニュー設定を行い、交付金の限度額のアップ等を行っている。また、平成23年度からはこうした個々の地域力再生活動を支援する事業について民間中間支援団体から提案を受け、採択した事業を府から委託する中間支援団体活動支援事業を実施している（23年度11件、24年度16件の事業を委託）。

　一方、地域力再生のもうひとつの目的である「地域のガバナンスを変える」ということについては、テーマごとに自治会、NPO、大学、企業、行政など課題解決に取り組む主体が集まり、意見交換を進めつつ、施策の立案と事業の協働実施をしていくプラットフォーム活動が、すでに平成20年度から始まり、当初は19件で自治振興課関係の活動が中心であったものが、22年度47件、23年度70件、24年度99件（協働事業数は137件）と全庁的に拡がりをみせている。プラットフォームで企画された事業の多くは、交付金のメニューのなかに「地域力パートナーシップ推進枠」を設け支援するとともに、施策立案に必要な経費は20万円まで10分の10の支援をしている点も特徴的なところである。

　また、24年度にはギャップイヤー制度の京都での活用、地域の特性を活かした自殺防止対策など7つの課題を最重点プラットフォームとして位置づけ、そこで立案した協働施策について、25年度の京都府の予算編成に反映させているところである。

　多様な主体の協働・連携の推進にむけて、組織、人員の体制強化も並行して行ってきた。平成21年度地域力再生担当は総務部自治振興課から出て、府民生活部のNPO協働推進課と合併し、府民力推進課となり、NPO協働推進課で

実施していた本庁および広域振興局でのパートナーシップセンターの運営では、協働・連携をさらに支援するため、民間から採用した協働コーディネーターの配置を行った。

　さらに、活動の要となる人材の育成として、新しくできた一般財団法人地域公共人材開発機構を核に、京都府内の政策系大学、NPOと連携して、「『京の公共人材』未来を担う人づくり推進事業」が本格的に始まったのもこの時期である。京都府緊急雇用対策基金を活用し、NPOで働くことを希望したり、ソーシャルビジネスの起業をめざす求職者を最大1年間機構で雇用し、大学や大学院での専門の教育プログラムを受けてもらうとともに、NPOや地方自治体で実践研修を受け、研修先での就職や起業をめざすという事業を府が機構に委託実施してもらうもので、平成21年度5名、22年度22名、23年度23名、24年度16名の育成を行って、地域で活躍をしてもらっている（第11章 表11-1 参照）。

　平成23年度は、交付金のメニューに国民文化祭枠や東日本大震災支援枠も設けたため、交付金の交付実績は830件となり、新たに活動に取り組む団体も増えた。セカンドステージを総括すると、地域力再生活動のすそ野の拡大が進み、活動団体と京都府の協働・連携が進展した時期であるといえる。府政への府民の参画推進で始まった京都府の新しい姿が、地域力再生プロジェクトの進展を通じて、住民自治の支援、住民自治活動への府職員の参画へ、さらには多様な主体との双方向の協働・連携へと発展してきたプロセスがみてとれると考えている。

(4)　6年の振り返り

　平成19年度から6年が経過しようとしている地域力再生プロジェクトであるが、交付金による支援実績は5年間で2591件、交付額合計でいうと9億9718万4000円となっている。交付金の額は5万円からであり、限度額は100〜200万円（最初の3年はソフト300万円、ハード300万円）、1件あたり平均交付金額は約40万円、件数では初年度326件から23年度は830件と2.5倍となり、1年度にひとつの事業でこれほど多くの件数の補助金を支給した例は府政史上過去にはなかったことである。

これゆえ、当初はばらまきという批判があったし、どうして京都府という広域団体が市町村を飛び越えて、地域の活動団体に直接働きかけるのかという批判も、市町村だけでなく府職員からもあった。

　平成24年3月に実施した市町村へのアンケート調査結果では、地域力再生プロジェクトにより地域に変化があったと回答した市町村は26団体中24団体と、平成21年に比べ2団体増えた。変化の内容として、「交付金を活用して新たに地域活動を始める団体があった」、「社会の情勢や多様化するニーズに対応した新たな取り組みがみられた」、「活動を通じて団体間の協力体制や連携を深めることができた」などがあがっている。

　また、市町村自体にも変化があったかという質問に対し、変化があったと回答した市町村は23団体、平成21年に比べ3団体増である。「住民との協働によって施策を進めていこうとする庁内意識が高まった」、「地域のリーダーや新たな担い手との接点ができ、市が行う事業等の連携につながった」、「公私にわたりイベントや団体にかかわる職員がみられるようになった」、「地域の課題解決にむけての選択肢が増えた」というのが、主な変化の内容である。

　さらに、プロジェクト実施以前、NPO等の地域活動団体に補助金を支給する制度を有していた市町村は4団体であったが、現在は12団体と3倍になっている。

　毎年、交付金の実績報告にともない、各団体に「気づきシート」という自己評価シートの作成・提出をお願いしているが、平成19年度と22年度を比較すると、

- 事業の実施により課題解決に近づいた：　94％→95.7％
- 事業の企画に参加した住民や趣旨に賛同する人が増えた：　88.9％→94.2％
- 他団体とのネットワークの機会が増えた：　65％→87.8％
- 京都府とのネットワークや協働の機会が増えた：　39％→37.8％
- 市町村とのネットワークや協働の機会が増えた：　52.3％→48.5％
- 活動により地域住民相互のつながりが深まった：　96.3％→97％

となっている。

気づきシートに書かれた主なエピソードとしては、「交付金事業ということで、地元に信用され協力を得やすかった」、「活動に参加したいとの問い合わせが増えた」、「自分たちでやらねばという機運が全体に浸透してきた」、「活動を通じて、町内の自治会員が他町等の取り組みに関心をもち参加するようになった」というような内容が並んでいる。

ひとつの活動団体自体や地域自体でも、この6年間で変化が起こっている。長岡京市で子育て支援を行っているNPO法人ほっとスペースゆうでは、平成19年度、交付金を活用して、活動の拠点となる「いずみの家」の整備（交付金はサンルームや駐車場の整備に活用）を実施。ボランティアの栄養士や調理師等のアドバイスのもと、子育て中の母親と子どもが集まり、一緒に食事をつくったり、絵本の読み聞かせを行うなど、親と子、親どうしがリラックスできる時間を提供し、長岡京市以外の市町村からも親子が通い、子育てに問題を抱える母親も集まる場所に発展していった。

長岡京市は京都市の南西に位置し、大阪府とも近く、市民活動が盛んな市である。住宅地域であり、子育て支援団体も多い。平成22年度、NPO法人ほっとスペースゆうが中心となり、市内の子育て支援団体と長岡京市、京都府の保健所がプラットフォームを形成し、交付金のパートナーシップ推進枠を活用して、支援団体のスタッフのスキルアップのための連続講座の開催、住民向け子育て支援講座、虐待予防シンポジウムの開催、問題を抱えている家庭をネットワーク内で共有し、必要に応じて家庭訪問を実施するなどの取り組みを始めた。児童虐待が起こってから初めて対応するのではなく、民間と行政との協働により地域で子育て支援のネットを張り、児童虐待の未然防止と対象者への臨機応変なケアを行うという、民間発の試みが、多様な主体を巻き込んでなされているわけである。

もうひとつの例は、京都府の南部に位置する和束町である。和束町は宇治茶の生産地であるが、宇治茶ではなく和束茶を発信したいと、従来から生産者の有志と商工会が中心となり、「ほっこりサークル」を立ち上げ活動をしてきた。少し活動が低調になっていたが、平成19年度、交付金を活用し町の関連施設

の会議室を改修、町内の生産者がつくる和束茶を販売する「和束茶カフェ」をオープンした。近くの茶畑にティーパークを整備したり、グリーンツーリズム[2]を実施するなど活動は続いているが、これに呼応するように、次々と新しい活動団体が設立された。お茶を活用した特産品を開発する「恋茶グループ」、おいしいお茶の淹れ方の普及を行う「和束ティー・フレンズ」など、女性のグループが設立され、和束茶カフェに並べられる商品も豊富になっていった。

　また、府の景観条例第1号に登録された和束町に興味を示し、活動を行う外部の団体や企業も現れ始めた。京都市内に拠点があり、若い芸術家の支援を行うカルディベーション・パートナーズは、和束町でスケッチ大会や海外の芸術家を招いてのワークショップを開催してきたが、平成24年度は創作活動や地域住民との交流の拠点にしようと、空き家の改修を進めている。

　協働のまちづくりには役場も変わっていく必要がある。平成23年6月、和束町は早稲田大学大学院公共経営研究科のマニフェスト研究所と協力協定を締結し、職員どうしの対話が始まり、町の若手職員による自主研究会が業務改善に取り組み始めた。他の施設も含めて、和束茶カフェ周辺の利用計画づくりと活用や湯船の森林公園の手づくり改修も始まっている。また、平成24年9月からは和束に興味のある人は誰でも参加でき、和束活性化のアイディアを出し、仲間を見つけて一緒に実践していこうと、「わづかまちづくりびと井戸端会議」が町主催で定期的に開催されている。地域全体、町全体を変えることは大きな力と時間が必要だが、住民が変わり、役場も変わっていかないと本当の地域再生は実現できない。和束町全体が少しずつ動き始めているが、まだまだその先は長い。

4　公共のコミュニティ

　3年ごととしてきた交付金は、平成25年度以降さらに継続するのか、やめるのか。地域力再生プロジェクトはまた新しいステージを迎えることになる。

　さらに3年継続となると、都合9年、

- 活動支援ではなく、団体支援のようにならないか

- 民間活動が交付金に頼りすぎ、お金があるから活動を続けることが常態化し、団体が本来のミッションを見失うことにならないか
- 確かに活動のすそ野は広がったが、本当に課題解決にむけ有効な活動ができているのか
- 活動団体の活性化が必ずしも地域の活性化につながっていないのではないか
- 協働・連携についても、市町村や府の部局の違いでまだまだ温度差がある

などといった課題があげられる。

　支援団体の数が増えすぎ、担当府職員は交付決定と確定の事務に追われ、当初のように活動団体と密接な関係づくりができているとは言い難い状況も出てきた。本当は行政職員にもっと、地域に出かけいろいろな人や団体と直接会って話をしてもらいたいのである。役所で聞く話と、団体の活動現場で聞く話は同じ話でも、実は雲泥の違いがある。交付金はそのためのひとつのツールなのである。

　当初はばらまきや人気取り、なぜ府が市町村の頭越しにやるのかと、府職員のなかでも批判があったプロジェクトであるが、今ではそうした批判もあまり聞かれず、次の３年も交付金の継続を望む声は多い。それは、活動資金の支援をしてもらえるから当然といわれるかもしれないが、地域力再生プロジェクトには間違いなくそれ以上の何かがある。

　たとえば、プロジェクト当初からやっている事業のひとつに地域力再生のメーリングリストがある。活動団体や大学の研究者、マスコミの人、市町村職員、府職員約1600人が登録し、毎日必ず５～６件の書き込みがある。多くはそれぞれの団体が行う事業の参加者募集のお知らせであるが、時にはスタッフ募集のお知らせであったり、困りごとの相談であったりする。東日本大震災のときは、直近の状況や支援情報が飛び交っていた。ジャンルや地域、セクターに関係なく、とにかく地域を良くしていこうという人たちの公共のコミュニティが確かにここにある。

　平成23年８月、京都府庁で署名セレモニーを行った「『京の地域力』協働・

連携宣言書〜京都ウェイ〜」(第2章表2-2参照)は、1年ほどかけて地域力の活動団体と一緒につくったものだが、前年の12月23日の天皇誕生日の夕方からという無茶な時間設定で行った、宣言書案作成のワークショップにも60名ぐらいの人が参加してくれた。印刷費をかけたポスターもチラシもつくっていない。新聞にも広報されていない。メーリングリスト等で呼びかけただけである。京都府の変わった人たちはどうやら本気で、地域力再生をやろうとしている、協働・連携をしようとしている、そういう関係性を普段からどれだけつくりあげているかが大事なのだ。

地域力という大きな傘のもと、行政組織のご都合にあわせた担当業務で切られるのではなく、コラボカフェやプラットフォーム、メーリングリスト、わくわく塾などのさまざまな場にいろいろな人が随時集まり、共感で結ばれ、活動が始まっていく。そうした公共のコミュニティが京都府でいくつもつくられ、拡がっていく。地域課題解決のソリューションが住民発で次々起こり、自然発生的に起こる協働、それを行政が垣根を低くして受け入れ、協働を意識し体験する職員が増えていく、本プロジェクトの意味はそこにある。

1) ソーシャル・キャピタルとは「社会関係資本」などと訳され、「人々の協働行動を活発にすることによって社会の効率性を高めることのできる、『信頼』『互酬性の規範』『ネットワーク』といった社会組織の特徴」と定義される(内閣府 2003)。信頼や規範があり、ネットワークがしっかりしている社会では、犯罪や自殺など社会的課題の発生率が少なく、起業やボランティア活動が盛んで、反対に、犯罪や自殺など社会的課題の発生率が多い地域は、地域のソーシャル・キャピタルが衰退しているといわれる。テレビの普及や価値観の多様化、グローバル化の進展により、先進国、発展途上国を問わずソーシャル・キャピタルが衰退している。
2) 農山漁村地域に滞在し、地域の自然、文化、人びととの交流を楽しむ余暇活動。

〔梅原豊＝京都府府民生活部副部長〕

第5章　協働の拠点：府庁NPOパートナーシップセンター

1　センターの開設

　重厚な木製の扉で閉ざされた薄暗い感じの部屋。日ごろ、社会を良くしたいと考えているNPO法人の方々も、役所での手続きの際に熱く活動を語ることはない。そうした場を行政職員とNPO関係者（任意団体を含む）がこれからの社会のあり方について議論し、新たな社会づくりを進める場に変革する。このミッションをどのように実現するのか。

　このようなときには、いくつかのアプローチ方法がある。図5-1で示すように、①従来のベクトルの方向をさらに進めるために、資金やマンパワーを投入する、②大きな方向性は同じだが、これまでと異なる手法を加えて目標を達成するためにベクトルの横出しを行う、③従来の方向性・視点を変えて、逆のベクトルの方向から目標の実現を考える、などである。③の考え方は、逆転の発想などとも言われることがあるが、新たな取り組みを行う場合には、一度は否定から考えることも大切である。

　今回のミッションであるNPOのセンターの開設、それも新しい社会づくりを進める拠点としてのセンターの実現にむけては、従来の業務の強みと弱みを洗い出し、NPO法人の法令事務を充実させることを中心に置きながら、行政とNPOとの協働に関する事業を付加する計画が、あつれきもなく進めやすい。しかし、当センターが従来のNPO法人の法令事務からNPOとともに新しい社会の枠組みを生み出すことをめざしていることから、逆のベクトルの発想からミッションの実現を試みることとした。

　センターを開設する際には、めざすべき目的を定め、その目的に応じた機能をどのように整えるか、センターの場所はどこにするか、フロアーの広さや開館時間・スタッフ数・予算などの基本的な条件を定めていかなければならない。忘れてはいけないのは、センターの顧客は誰なのかということである。さらに顧客だけでなく、センターにかかわるステイクホルダーとの関係性を明確にし

図5-1 ミッション実現へのアプローチ方法

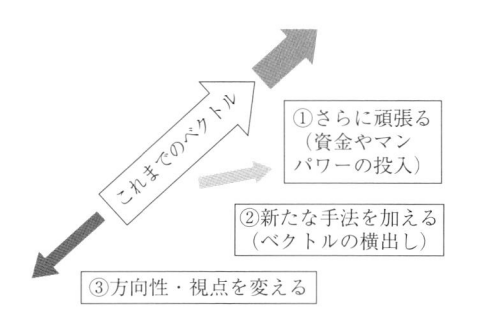

- これまでのベクトル
- ①さらに頑張る（資金やマンパワーの投入）
- ②新たな手法を加える（ベクトルの横出し）
- ③方向性・視点を変える

ておかないと、すべてが無駄になることもある。目的を実現するために、1年後のセンター、5年後のセンターなど時間軸に応じた目標の設定も必要となる。これらの基本的な事項をふまえながら、コミュニティをつくるための空間であるセンターのデザインにかかわる方々が、「夢」や「わくわく感」を感じる場をつくることが、始めるべき最初の一歩となる。

【センターの開設を考える際の基本的事項】
- 目的は何か（協働型の行政の推進、NPOの支援等）
- 時間軸に応じた目標展開を定める（NPOとの協働運営、NPOの自主運営等）
- 顧客は誰か（団体関係者・行政職員等）
- 目的の達成に必要な機能とは（マッチング、支援サービス、法令事務等）
- 基本的な事項（場所、広さ、開館時間、スタッフ数、予算等）

　センターの目的や機能などを決めるには、先進事例調査を行い、有識者や利用者であるNPOの方々、行政関係者から意見を聞いて具体化を進めることになる。行政機関が民間の企業よりも有利な点は、施策を進めるときにテーマに応じた学識者、実践者に検討委員会の委員を依頼し、最も適切なセンターのあり方について議論できることである。検討委員会の委員は、大学の有識者、同類の施設の管理者、マスコミ関係者、NPOの実践者、行政関係者などに依頼することが多い。大学の有識者には、委員会の座長として大所高所から方向性を示してもらう。同類の施設の管理者からは、施設のサービスについて具体的な提案を頂く。府民目線からの意見はマスコミ関係者、NPOの実践者は利用者の立場からなど、それぞれ専門の立場から発言してもらうのがベーシックな

スタイルである。

写真5-1　京都府庁旧本館

　センターの開設にむけた検討委員会は、センター設立の意義、開設時の機能、そして将来的な展開について、4回から5回程度開催することになる。その場合、1回目がセンターのコンセプト（目的）、2回目が将来的な目標設定、3回目は個々のサービス機能、4回目がとりまとめとなる。委員会は、2週間から3週間ごとに開かれる場合が多い。議論が白熱した場合の予備日を全体のスケジュールのなかに設けておくことも大切である。

　センターの骨格づくりは、（本書の編者でもある）同志社大学の新川達郎教授に座長を依頼し、11名の外部有識者と3名の府庁職員が委員となって、めざすべきセンターの機能やその機能の発揮にむけた課題整理と解決の可能性、当センターの具体的提案などについて計4回の議論のもとで進められた。

　このセンターの目的や機能などの本質的な部分を決める議論においては、「時間がないから」とか、「予算がない」、「トップの意向を重視してほしい」といった本質と異なる要因から議論を進めることはタブーとなる。しかし、次年度予算を検討する予算審議や議会への上程の時期などのタイミングを逸すると、次年度からの実施ができないことになるので、最初にタイムテーブルを委員に示すことは大切である。

　委員会のなかで印象に残った言葉がいくつかある。そのひとつが、「センターは明治期に建てられたこの洋館の中に置くべきだ。なぜなら、京都府の象徴である旧本館の中にあることが、京都府の意気込みを示すことになるから」というものである。明治期の洋館である庁舎は明治37年の竣工。現在も執務室として使われている建物としては全国で最も古い洋館で、2004年に国の重要文化財に指定されている（写真5-1）。府職員にとって便利な庁舎の敷地内にセンターを設置することよりも、府民視点を重視しNPOの方々にとって利便性の

高いJRや地下鉄の駅の近くに設置する案も捨てきれないなかでの一言であった。「意気込みを示す」、この言葉はすべてを萌芽する。新たな試みには、強い思いがなければならない。

　余談ではあるが、センターを明治の洋館内に置くことで、電話での応対が楽になった。センターの場所を伝えるときに、「庁舎に入られて、真ん中に明治期の洋館があります。この洋館1階の東側です」と伝えるだけで、NPOの方々が迷うことはなかった。「わかりやすく、誰もが理解できる」は、多くの場合においてすべてに勝るキーワードといえる。

　目的については「このセンターはNPOを支援するために設置するのではなく、NPOと行政が協働を行う場でなければならない。NPO（市民活動団体）を支援するセンターは、すでに京都市が京都市市民活動総合センターを開設している。京都市のセンターと同じコンセプトではなく、協働の場としてのセンターをめざすべきである」との発言に、異論を唱える委員はいなかった。さらに「海外のNPOはロビー活動を行っている。この旧本館にさまざまなNPOが事務所をもつことで、行政に対するロビー活動が容易になる」等の意見もあった。センターのサービス機能を重視するのではなく、NPOの自主性のなかで新たな協働が生まれる、そのような場づくりを求める意見と理解した。NPOを支援するしくみすらもたない当時は夢のように思えたが、現在は、洋館の案内をするNPO法人京都観光文化を考える会・都草や文化庁関西分室が事務所をもっており、旧本館が文化系NPOの活動拠点になる日も夢ではないかもしれない。

2　NPO－行政の協働の第一歩

　センター設立の検討を行っていたころ（2005年当時）のNPO担当課の業務は、NPO法人からの毎年1回の実績報告（約300法人）を受け取り閲覧できるようにすることや、NPO法人を立ち上げる方々（約100法人）の指導等であり、年間で延べ1000人ほどの来訪者を顧客として6名のスタッフが働いていた。NPOへの関心は高まっていたものの、府職員はあまり訪れることがなかった。NPOとの協働についての理念を示す「NPO協働推進マニュアル」は策定していたが、そのなかで何が大切なのか、何から始めるのが良いのかはみえていな

い状態であった。

　当時最も多かった各課からの依頼は、「委員会の委員にNPO法人の方をお願いしたいので、良い方を紹介してほしい」というものであった。委員会で話してほしい内容と、男性・女性・年齢などの条件を聞き、適していると思われる方を3名ほど紹介する。そんななかで初めて、NPOにお願いしたいことがあるという依頼が、洋館を府民に開放するイベントを行う課からあった。NPOの方に府庁の一般公開の日にステージで演奏などのパフォーマンスをしてほしいとのことであった。この協働の依頼はとても具体的でわかりやすい。場所の提供と開催のPRは行う。府庁にある機材は使ってもらえばよい。舞台演出や出演者の選定などはすべて任せる、というのが条件であった。演出関係に強いNPO法人京都コミュニティ放送の高嶋加代子氏と相談して、ステージに関する一切を任せ、NPO担当課は出演者の公募と、依頼課と高嶋氏との調整役を担当した。

　イベント当日は、オペラやクラシック、子どもたちの演奏、女性グループによる源氏物語の朗読など、多種多様な団体が出演し、会場に入れない人も出るほど盛会であった。このイベント後は、パフォーマンス系のNPO法人が部屋を訪れてくれ、活動に関する相談をしてもらうきっかけにもなった。この事業を通してみえてきたのは、協働の基本的な考え方であった。具体的に実現したいことがないと、協働はできない。「協働しなければいけない」から始まり、多くの団体や有識者を集めて「さあ、協働して事業に取り組みましょう」としてしまっては、不毛の論議になり何も進まない。

　協働するために整理すべき事項は、「なぜ異なる主体と協働するのか」を団体として認識することである。それは共通の課題や目標が何なのかを明らかにすることであり、具体的に行う事業内容、プロセスなどを一緒に考え、互いにもちうる資源（時間、人、知恵）の範囲内でベストを尽くすことである。もちろん、時間の有無や動ける人数など、団体の事情で困難な場合もある。できないことはできないと伝えることも、良い関係を生み出すには重要である。しかし、「知恵」や「知識」などの資源は、どのような場合にも提供し合える関係性が必要である。営利企業のように投資家や社員のために競争社会を生き抜くこと

図5-2　協働で相手に求める3つの要素

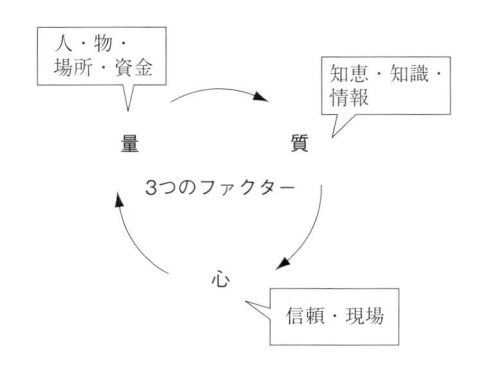

```
   人・物・
   場所・資金          知恵・知識・
                      情報
          量　　 質
          3つのファクター
              心
                      信頼・現場
```

が目標ではなく、「社会を良くする」ことが共通の目標だからである。これは、「対等の立場での協働だと、内容に応じてリーダーが変わる」という原則に近いものがある。先述した旧本館のイベント事例でも、参加者募集はNPO担当課、設営・運営は高嶋氏、PRは依頼課と、役割に応じてリーダーが異なり、それぞれのもつ知恵や知識を共有するなかで事業が進められた。

　協働で相手に求めることは、「量」、「質」、「信頼や現場など自分にないもの」の3つの要素が考えられる（図5-2）。「量」で示される資源は、「人、物、場所、資金」などになる。目的を遂行するために足りない量的な資源は、どこかから調達しなければいけない。これらを得ることができる相手と協働する。具体的でわかりやすい協働関係の構築である。たとえば、河川掃除に際して、河川愛護団体が清掃を担当、行政機関がゴミ袋や軍手を提供し、集められたゴミも回収する。また、まちづくり団体が、地域の歴史を説明する案内板を制作・設置し、それを立てる場所を行政機関が提供するといった事例もみられる。このような形態の協働は、一定の条件はあるが、互いに質を問い合うことはない。

　次の段階での協働が、事業効果ともいえる「質」の向上をはかるための協働である。たとえばフェスタなどのイベントを実施し、多くの参加者もあって楽しんでもらえたが、イベントの趣旨について理解を深めてもらうなどの効果は得られないときがある。このような場合に必要となるのは、「知恵、知識、情報」などのみえない知的資源である（図5-3）。

　これらの資源の価値は、企画者が実施に際して必要となる知識や知恵の内容を決めて、協働相手に決めたことだけを聞きにいく（決めたとおりのことをしてもらう）場合と、企画立案の段階から協働相手と一緒に考える場合とで大きく異なる。イベントの企画を一緒に考えると、想定していなかった情報や知恵な

図 5-3 「量」と「質」

```
┌─── 量に関する項目 ───┐   ┌─── 質に関する項目 ───┐
│・人……指示を誰が行うのか│   │・知恵……誰がもっているのか│
│・物……どこにある品か  │   │・知識……誰がもっているのか│
│・場所……どのような場所か│   │・情報……どこに集約しているか│
│・資金……資金はどこに集まっているのか│  │                │
└────────────┘   └────────────┘
```

どを相手から得ることができる場合が多い。たとえば、子どもたちの食育教育をする団体が、会場となる京町家を借りにいくと、京町家のオーナーが無農薬で野菜をつくる農家を紹介してくれる。なぜ食育をしているのか尋ねると、エコビレッジなどの暮らし方に関する情報をもらえるなど、「なぜ必要なのか」を伝えることによって違う角度からの知恵や新たな情報を得ることができたりする。

　また、仲間づくりにつながることにもなる。たとえば、最初から「私がアイスブレイクを担当しましょう」とはならないが、「アイスブレイクを行うと参加者が楽しくなります。Aさんが、そのスキルをもっています」とBさんから教えてもらったときに、Aさんへの事前連絡でBさんに「電話がありますので話を聞いてください」と一言お願いすることが、一緒に行動するきっかけになったりする。この関係が何回か続くと、イベントのどこかのパートを担当してもらえるようになることも多い。これは協働の4つの段階である「相手に聞く」、「共に考える」、「共に行動する」、「共に主催する」を示しており、協議の時間や協働相手の動きやすい環境づくりなど、しなければいけない部分も多いが、信頼にもとづいた協働関係が構築されると大きな財産となる。「知恵、知識、情報」の共有は、次への展開に必要なことであると位置づけられる。

　最後に、自分たちにはなく、相手にあるものの共有である。行政にあるものは「信頼」である。本来、信頼は時間をかけて築くものであるが、もともと信頼のある行政や大企業と協働することや、大学の先生がメンバーに参加すること、新聞などの公的なメディアが団体の活動を伝えることなどによって得られる場合もある。とくに行政機関と協働して事業を行うことは、信頼を得るのに

最適な手法といえる。逆に、NPOにあるものは現場であり、目にみえる現実である。それぞれにあるものを、互いに共有しあうことが協働である。

3 センターのデザイン

　このような具体的な協働の事例をセンターが示さないと京都府は変わらないとの思いから、センターの空間デザインと広報戦略をNPOと協働で考え、実行する検討チームをそれぞれつくることにした。委員会の谷口知弘委員（立命館大学准教授〔当時〕）に空間デザインを、藤田晶子委員（リビング京都編集長〔当時〕）に広報戦略を依頼して、その分野に長けているNPOの方々を紹介してもらった。

　センターは、NPO等の団体の方々にとって利用しやすい環境でなければならない。そのためには、誰にでも開かれたオープンな空間を演出したい。検討チームのなかで、まちづくりを行うNPO法人の建築士の方からと、大学でインテリアデザインを教えている准教授から、それぞれ2つのレイアウト案が示された。案のひとつが、スタッフの執務とセンター利用者のスペースを分けること、2つ目の策が真ん中に執務するスペースを確保して、周囲の3面をセンター利用者が使えるフリーなスペースにして囲むことであった。後者の案の場合だと、スタッフが利用者からみられて仕事をすることになる。スタッフ間の会話がすべて利用者に聞こえるなど、抵抗感もあったが、利用者との一体感をもった空間づくりが協働のコンセプトを実現すると考え、この案に決まった。行政だけの考えだと、執務室の1カ所にカウンターを設けることになるが、それとはまったく違う空間が生まれた。

　レイアウトが決まると、次は利用者のテーブルや椅子、カウンターなどの形状の選定である。テーブルは、准教授の提案で学生からデザイン案を募り、そのデザインでの制作を学生に依頼する学生コンペ方式とした。約20もの提案が集まり、選考委員会で選定されたのが、自由に動かすことができる、3つのテーブルを組み合わせたデザインであった。10名、5名、3名など、利用者の人数に応じて机の配置を使い分けることができる。このことで、利用者がセンターの空間をデザインできる自由な空間を演出することができた。アットマー

クやハート型のスツール（椅子）も学生の作品である。カウンターやバナーのデザインや発注も委員が行う。委員と一緒にセンターをつくる、このような企画は、このセンターでなくては生まれなかったであろう。このほか、戸は閉めないでおこう、バナーは駐車場からみえるようにしようなど、細かい部分を決めて、オープンの準備が進んだ。

　空間デザインの後は、センターの機能である。どのような機能を充実させるのが良いのか。すべてが手探りの状況であった。そのようなときは、顧客の視点で考えると何から始めるべきかの解決策がみえてくる。

　センターの顧客は、行政の職員であり、協働したいと考えるNPOの方々である。普段は訪れることのない役所に来るのだから、NPOの方々にとっても使いやすい場でないといけないと考え、カウンターに来た人は待たさない。会議室の利用は無料として、ホテルと同じように電話で予約できるようにし、軽食もとれるようにした。資料作成や、申請書等を修正するためにPCを設置し、インターネットやプリンターも使用できるようにした。活動内容を展示（2週間）できるスペースも準備した。その結果、「初めて庁舎に入ったが、こんな入りやすいとは思わなかった」といった声が寄せられるようになった。

　なかでも重要なのが、出会いの場としての空間を意識した演出である。協働の場としてのコンセプトを強く打ち出し、そのための機能をどのように生み出すかである。言葉ではわかるのだが、現実の形態をイメージすることがむずかしい。どのようにすれば良いのか、センターの機能とは何なのか。その意味からも庁舎内にセンターを設置したのは良い選択であった。NPOの方々が来訪した際に、数分で担当課を紹介することができる。また、NPOとの協働会議に職員が参加しやすい。この協働のための事業は、センターのオープン後に検討し実行することにした。

　センターがオープンしても、府民に知られないと意味がない。藤田委員を中心としたチームで、どの広報ツールを使うのかなどの検討が始まった。メディアでの露出については、広報課長にも依頼し、行政の広報ツールを最大限に活用。各種新聞、ミニコミ誌などにも掲載を依頼した。各種メディアがセンターのオープンを伝えるだけでなく、職員録の裏表紙にセンターの写真が使われる

など、思ってもみない嬉しいできごともあった。

　センターのリーフレットのデザインは、チームに参加してもらったNPO法人の理事であり、デザイン会社を経営している山本剛史氏に依頼した。すべてが手づくりで、今でいうプロボノといえる。広報の基本は、センターコンセプトの確立である。協働を示すデザインカラーを緑にし、ロゴも3つの円が協働を示している。ひとつのことをどれだけ語れるか、どのような意味をもたせるかが広報の基本ともいえる。

4　「協働コーディネーター」の誕生

　最後に残った重要な要素は、スタッフである。センターの役割は、行政の内側から府民（NPO）との協働への庁内意識を変えることと、NPOの方々に行政との協働もおもしろいと思ってもらえるようになることである。そのためには、顧客であるNPOや行政の仕事が理解でき、NPOと行政の使う言葉を正しく翻訳できることが必要となる。これができないと、協働の推進役になることはむずかしい。

　そこで、NPOの方に京都府の職員になってもらうことにした。「協働コーディネーター」の誕生である。NPO法人京都・雨水の会理事長の上田正幸氏と、NPO法人京都土の塾副理事長の森川恵子氏に、協働コーディネーターとして京都府嘱託職員になってもらった。夜間については、NPOを研究テーマとする京都大学と同志社大学の大学院生に入ってもらった。NPO法人職員と京都府職員との人事交流も始まり、NPO法人きょうとNPOセンターから田口美紀氏を京都府の職員として1年間派遣してもらった。

　こうして、京都府の正規職員が5名、NPOや大学院生の嘱託職員が5名と、官民一体のセンターが誕生した。京都府の課室において、半数のスタッフがNPO関係者で構成されているケースはこれまでになかった。これにより、NPO運営の専門家が集うセクションが府庁内に立ち上がることとなった。

　協働コーディネーターの主な役割は、ワンストップ窓口としての相談業務とマッチングである。主な相談の内容としては、NPOからの組織運営・事業計画・資金計画などの運営相談、京都府等の行政との協働事業の取り組み方、行政へ

の施策や事業の提案に関してのアドバイスおよび協働相手の紹介等となる。「協働できるNPOを紹介してほしい」などの、行政からの依頼に応じて相手を紹介することもある。この場合には、同様の事業を行っているいくつかのNPOを紹介することを原則にしているが、NPOからの依頼については、必然的にひとつの担当課を紹介することとなる。庁内の各部局から寄せられる「NPO法人の考え方が聞きたい」といった依頼に対して、協働コーディネーターが対応するケースも多く、府職員がNPO法人の活動を体験する研修制度の実現にもつながった。

　これらの相談に際しては、話の内容を理解し対応することが重要となる。対応に際して、自らが実践しているかどうか、その経験を伝えることができるかどうかで、相手からの信頼も違ってくる。「つなぐ」ためのあらゆることに対応できることが、協働コーディネーターには求められる。

　相談業務は、受け身の姿勢であり、攻めの事業としては行政とNPOが情報交換できる場や、協働事業の実施にむけた調整役を行うラウンドテーブルの開催である。京都府ではこのラウンドテーブルの最初の一歩を「コラボカフェ」と呼び、継続的に行われる場を「プラットフォーム」と呼んで事業化している。

　センター設立の2006年には、協働のためのしかけとして「未利用施設の活用」や「若者・女性・中高年齢者の就業支援」などのテーマに応じて、新たな事業を生み出すためにNPOと行政が意見交換する場となる「NPOと行政の専門分野別交流会」を開催した。仕事を終えた19時ごろから、NPOの方々と府職員がお茶を飲みながら自分たちの事業を紹介し合う「NPO木曜カフェ」などにも取り組んだ。これらは、企画づくりからファシリテートまでのすべてを協働コーディネーターが担当した。この2つの事業がひとつになり、現在は「コラボカフェ」として継続している。

　設立の年でもあり、NPOの方々にセンターを利用してもらいたいとの思いで、運営を支援するためのしかけとしてNPOの方が講師となって活動内容を紹介する「府庁旧本館サロン」など各種講座が開催されるなかで、いつの間にか各テーブルの上に「自由に食べてください」とのメッセージカードが添えられたキャンディが置かれている。スタッフが始めたこの気配りは3年ほど続い

た。NPOの方々と一緒でありたいとの思いの表れといえる。これらのことを進めるなかで、大きな目標のひとつであった「年間1万人のセンター利用者」を達成することができた。

　大切なことは、野村恭彦氏が著書『フューチャーセンターをつくろう』（プレジデント社）で述べている、「人が成長し、アイディアが創出され、人のつながりが生まれる場」としてのセンターである。そのためには、NPO支援を行い、協働の相手を紹介することにとどまっていてはいけない。センターが設立されて6年が経過するなかで、原点に帰り、これまでとは異なるコンセプトと手法をもって運営を考えなくてはいけない状況が生まれている。

　これからは、この従来型のスタイルと異なり、オープン・スペース・テクノロジーなどの手法を用いて、より多くの利用者が主体的にかかわることができるセンターづくりを、計画時点から市民参加で始めるケースも多くなると思われる。

　ドラッカーの言葉、「日常化した毎日が心地よくなったときこそ、違ったことを行うよう自らを駆り立てる必要がある」（『非営利組織の経営』ダイヤモンド社）にあるように、新たな動きを始めるのは今かもしれない。

〔鈴木康久＝京都府府民生活部府民力推進課課長〕

第6章　協働コーディネーターと地域力再生プラットフォーム

1　協働コーディネーターの業務

　府庁NPOパートナーシップセンターのスタッフである協働コーディネーターの業務は、センターの顧客であるNPOと行政との円滑な協働を進めることである。そのために、センターのステイクホルダーの立場や考え方を理解し、それぞれの思いを叶えるために地域力再生プラットフォーム運営支援、活動や協働の支援、活動の広報などの業務を行うことが求められている（表6-1）。

　センターの相談業務では、「個々の思いをもって来る人に、その思いの実現にむけたアドバイス」や「活動資金や活動場所、活動方法などで困っているNPOの運営相談」が中心となり、京都府との協働を望む声は少ないのが現実である。そこで、センターから仕掛けることも多く、「コラボカフェ」や「やましろ夜楽」などの交流会を開催し、京都府との協働の場や団体間のネットワークをつくることも行っている。

2　活動のスタート

　具体的な業務内容の一端を紹介すると、次のようなものがある。

　　ある日、60歳代と思われる男性がセンターに来られた。お聞きすると、数か月前に設立したNPO法人京都創生ネットワークの理事をされているとのこと。男性が思いを語り始める。京都が国際的な観光都市に相応しいまちとなるように、外国人が集まる場をつくりたい。京都の方が英語を話し、海外の方と接することができるようにしたい。より多くの海外の方に来てほしいなど。男性はこれまで海外で添乗員をされ、退職後に東京から京都に住まいを移されたとのこと。海外と日本との橋渡しをしたいと思っておられるのであろう。市民活動の経験についてお聞きすると、「通訳ボランティアはしたことがあるが、本格的な活動はしたことがない」との返事。このような強い思いをもってセンターに来られる方は多い。

　このような場合の協働コーディネーターからのアドバイスは、本当にしたい

表6-1 協働コーディネーターの業務

地域力再生プラットフォームの運営支援	・地域力再生コラボカフェの開催 ・地域力再生プラットフォーム会議のファシリテーター ・地域力再生プラットフォームの協働相手との調整 ・地域力再生プラットフォーム事業への助言 ・民間、府職員間の調整 ・ホームページでの情報提供
地域力再生活動の支援	・情報収集 ・課題の整理 ・活動への助言
行政・他団体との協働の支援	・協働のニーズ調査 ・協働の場づくり ・地域力応援団業務
パートナーシップセンターの活用促進	・センターでの活動展示 ・セミナー等の開催
地域力再生活動の広報	・ホームページの作成 ・ニュースペーパー等の作成

ことは何なのかを明確にし、今できることは何かを考える。そして、できることを積み重ねることで、少しずつ思いを現実に変えていくことを勧めている。そのプロセスをわかりやすく説明するために、コーディネーター自身の経験を伝えることもある。たとえば、次のようなものである。

　私は京都の水文化を楽しむカッパ研究会の世話人をしており、最初にしたことは、自分たちが聞きたいテーマについて有識者から話を聞く「京の水文化を楽しむ座談会」の開催で、これまでに30回以上開催してきました。参加者や講師が、仲間になってくれ、活動に参画してくれているケースもあります。小さくてもよいので実際に外に向けて発信できる企画を続けると、周りの方々も助けてくれるようになります。さらには、冊子の作成や書籍の出版、新聞連載、テレビ出演依頼など、活動の幅が広がってきます。30万円以上の経費が必要となる活動は、財団などから助成金を得ることもしました。

勉強会の開催など、自分たちでできる範囲のことに取り組むことがむずかしくないことを、事例でもって伝えている。

相談のあった先の男性がいくつかのアドバイスのなかで最初に始めたのは、府庁NPOパートナーシップセンターでのパネル展示とアメリカ人の方を講師とした英会話講座の開催であった。参加者は少なかったが、ゼロからの大きな一歩である。その後、英語で応対できる商店街づくりを目的に地域力再生プロジェクト支援交付金を受け、複数の外国人を囲み英語で話す会を開催した。この会は団体の基本となる活動として、交付金を受けていない現在でも喫茶店などで継続的に開催している。アメリカ、オランダ、フランスなどのさまざまな国の人びとが参加し、10人程度の小さな会で好評とのこと。住まいを探すのに必要な保証人やビザ取得の相談などを受けることもあり、留学生の生活に関する情報を得るのにも重要な場になっているのであろう。現在は、空き家を外国人と日本人がシェアして暮らす「醍醐英語ハウス」を提供してくれるオーナーが現れ、3人の日本人と1人のアメリカ人が暮らす場も創出されている。さらに、留学生ハウスの構想ももち、3〜4名ほどが暮らせる空き家を探している。1年余りで、実に多くの実践をし、最初の思いである「日本人と外国人が一緒にいられる場づくり」の実現に近づいている。

　このようなケースでのアドバイスの基本は、団体の方々の話す内容を整理して伝えることである。整理の基準は、「思いがどこにあるのか」、「実現したい事項の優先順位」、「現在の環境のなかで、実際にできること」、「実現までのタイムテーブル」などになる。

　協働コーディネーターの業務は、自らの経験と他の団体の活動を組み合わせて、相談者が自らの思いを自らで整理できるように相談者の状況をわかりやすく説明することである。この説明のなかで留意しないといけないことは、相談者のもっている「わくわく感」を壊さないことである。協働相手の紹介や資金集めなど、相手が求めていないアドバイスを（相談者の将来を考えて）行っても逆効果となることが多いので注意する必要がある。

3　団体のつくり方

　先の事例は、NPO法人は設立したが、何から始めるのかを迷っているケースだが、「活動内容は決めている。団体をつくりたい」とセンターに来訪する

方もいる。その場合、最初に伝えることは、NPO法人と任意団体の違いである。団体の目的に応じて組織の形態は変わってくる。NPO法人は「定款に記載のない活動を行ってはいけない」、「毎年、実績報告を所轄庁に提出しなければならない」などの義務が生じるので、活動の内容によってはNPO法人ではなく任意団体として活動することが望ましいケースもあることを説明している。また、多くの相談者が聞きたいことのひとつは、NPO法人のメリットについてである。普通は次のような説明をしている。

- 法人情報の公開を義務づけられているNPO法人は社会的な信頼が得やすい
- 財団が行っている高額の助成金制度では、支援対象者をNPO法人などの法人格をもっている団体に限定している場合が多い
- 企業や行政機関などと契約が締結しやすくなる
- 介護保険法に規定されている介護事業を行うことができるなど、活動の幅が広がる

　法人を設立することは、これらの外部との関係だけでなく、組織内部のコンセンサスをまとめるのにも有効である。それは、定款の規定に準じて理事会や総会で活動内容や経費の支出等を決めなければいけないことにある。総会での議決権は、NPO法人の会員がそれぞれ1票をもつことから、会員の総意で法人運営がなされる。これによって、次のようなメリットが生まれる。

- ワンマンなリーダーの意思だけでの団体運営にならない
- 経費や活動内容の透明化がはかられる（所轄庁で公開される）
- 後継者の育成が、任意団体と比較して容易となる

　他方で、これらのメリットの裏返しになるが、自分たちの楽しみを主な目的に活動しており、助成金などの外部からの支援を必要としない団体は、NPO法人になっても義務だけが多くなりあまり意味がない。これらのことを説明したうえで、NPO法人の申請手続きや様式の説明を行っている。

また、団体の設立に際して、これからNPO法人に参加する仲間を呼びかけるケースもまれにみられる。このような場合は、協働にむけた「最初の一歩」ととらえて、たとえば次のようなアドバイスを行っている。

　　団体の理事と顧問をどなたにお願いするのか、これが大切です。理事になると、団体活動への責任や周囲の方々の目を気にする部分もあり、普通の方は団体の活動に貢献しないといけないと思われます。知り合いのなかでも、活動に必要なスキルをもっている方に理事をお願いすることを考えてはいかがですか。たとえば、文章の上手な方、インターネットの使い方に長けている方、チラシのデザインができる方。活動分野に応じて、建築家や幼稚園の先生など、考え方はいろいろです。別の見方ですが、これまでに活動実績のない団体は社会的な信頼が少ないので、大学教授や大企業の役員の方に理事をお願いして、信頼を得るのも良い考えかもしれません。同様の目的も含めて、高名な方に顧問をお願いするケースはよくあります。もちろん、顧問には困ったときの知恵袋になっていただけます。このような関係を多くの方ともてることは、団体にとってありがたいことかと思います。

　団体の理事は、同じ目的を達成するために互いのスキルを発揮しあう、最も身近な協働の相手といえる。それぞれの理事が役割を分担し、得意の分野を活かして活動する。それぞれの理事に優劣はない。「協働とは、異なる主体が、共通の課題を解決したり目的を実行させるため、お互いを尊重しながら一緒に考え、対等の立場で協力して取り組むこと」（宮城県「行政とNPOの協働マニュアル」参照）を実践することになる。

4　地域力再生プラットフォームの取り組み

　この考え方の発展した形態が「地域力再生プラットフォーム」である。地域力再生プラットフォームとは、自治会やNPO、大学、企業、京都府や市町村などが、共通する課題に応じて集まり、それぞれが得意とするネットワークや知恵を活かしながら地域の課題解決や新しい価値創造にむけた施策や協働事業を生み出し、実行に移していく場である。イメージは、駅のプラットフォーム。駅に行くと、プラットフォームからいろいろな場所に向かう電車が走っている。新しい課題やニーズがみつかると、それに関心のある人たちが集まる議論の場（プラットフォーム）がつくられ、そこから、課題解決や価値創造にむけて次々

図6-1 地域力再生プラットフォーム

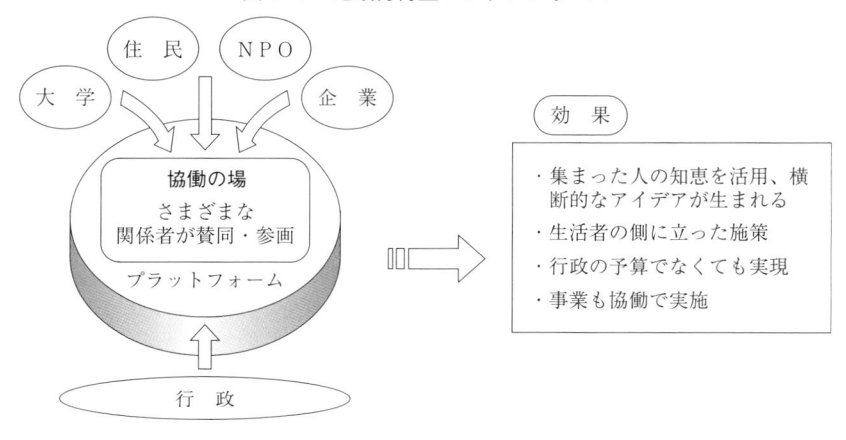

```
    住民  NPO
大学        企業
    ┌─────────────┐
    │  協働の場    │      ┌─効　果──────────┐
    │ さまざまな   │  ⇒  │・集まった人の知恵を活用、横 │
    │関係者が賛同・参画│     │  断的なアイデアが生まれる  │
    │ プラットフォーム │     │・生活者の側に立った施策    │
    └─────────────┘      │・行政の予算でなくても実現  │
         ⇑              │・事業も協働で実施          │
        行　政           └────────────────┘
```

とグループや事業（電車）ができあがる。[1]

　このような新しいタイプの取り組みとして、京都府では平成20年度から地域力再生プラットフォームに取り組んでおり、初年度は19プラットフォーム、平成21年度が47、22年度が53、23年度が70、24年度が99と着実に増加している。これらのプラットフォームから平成24年には、約150もの協働事業が生まれている。

　犯罪への不安の高まり、児童虐待認知件数の増加、地域文化や産業の衰退など、地域には多くの課題が生まれている。こうした課題は、かつては地域コミュニティのなかで解決されてきた。しかし、コミュニティの構造が変化しつつある現在、行政だけ、企業だけ、住民だけでは対応できない課題やニーズが増加している。地域づくりの担い手が多様化するなか、相互の知恵やネットワークを活かすことで、より良い課題解決の方法や価値創造を生み出していくことが必要となっている。そうした協働の場として、地域力再生プラットフォームを推進している（図6-1）。

5　地域力再生プラットフォームのルール

　地域力再生プラットフォームのルールを理解すると、よりイメージがつかみ

やすい。2)

- 民間と行政が施策・事業の企画段階から協働します
- 参加する各団体（メンバー）の"動機"は必ずしも同じである必要はありません
- 共有する「目的」と、実際にプラットフォームとして取り組む"期限付き"の「目標」を、具体的に設定します
- メンバーが情報や資源を共有し、創造的にアイディアが出せる関係がつくられます
- 誰でも、どんな団体でも自由に参加・退出できます。また、多くの人に参加してもらうために積極的に広報します
- メンバーから出されたアイディアを企画化するだけでなく、協働して事業を実施していきます。また、事業後は振り返りを行い次の活動に活かします

　表6-2で一例を示すように、地域力再生プラットフォームの実施事業としては、府庁旧本館でのマルシェ、地域力文化祭、シンポジウムなどのイベント企画の実施、配食入門講座や竹に関する連続講座の開催、親子ハンドブックや衛生管理マニュアルなどの作成、地域力体験ツーリズムや京の公共人材大賞の実施など、それぞれのテーマに応じた展開がみられる。

　協働コーディネーターは、これらの事業を実施するために、それぞれの地域力再生プラットフォームの求めに応じて会議に参加し、ファシリテーターやアドバイザーの役割を担うことになる。

　たとえば、環境系の方々が集まる3回目のプラットフォームの幹事会で、急きょキーパーソンが参加できなくなり、会議の進行役を代行することになった。その日は、今年度の事業計画を考える場で、8団体が参加した2時間ほどの会議である。それぞれが自分の思いを話し始める。「環境にやさしい資材を作っている。この資材を作る機材はどこどこで製作してくれ、もう1基が必要だと思っている」、「この粉末を使ったオリジナル製品が流通すると、全体の需要が高まる。製品価格と素材の混入比が重要である」、「そもそも環境保全は何をもっ

表6-2　地域力再生プラットフォームの協働事業の一例

名　称	趣旨・主な実施内容	主なメンバー
府庁旧本館利活用応援ネット	「開かれた府庁」のシンボルとするため、府庁旧本館の利活用や修復整備に関心をもつ個人・団体・府等がこれまでに取り組んできた事業を推進するとともに、旧議場復元の気運醸成にむけた事業等について検討 〈実施内容〉 ・春・秋の府庁旧本館一般公開 ・府庁こだわりマルシェ開催 ・旧本館連続講座開講 ・府庁旧本館グッズ作成（懐紙、クリアファイル等）	・府有資産活用課（事務局） ・個人 ・NPO ・企業 ・大学 ・京都府
カーボンマイナスプロジェクト	放置竹林の整備によって竹を炭化し、土壌改良材にしてクールベジタブル（地球を冷やす野菜）を販売。炭化によるCO_2固定効果を環境価値として認証したり、企業等にカーボンクレジットとして販売するしくみを検討 〈実施内容〉 ・放置竹林の伐採 ・実証実験圃場の運営管理、野菜づくり ・野菜のマーケティングと販売 ・学校給食での活用 ・食育プログラムの推進	・亀岡市（事務局） ・企業 ・大学 ・農事組合法人 ・自治会 ・京都府
虐待未然防止のための親子支援活動	府・市・民間協働による「長岡京市子育て支援ネットワーク」を設置。虐待を未然に防止する学習会や市民向けのイベントを実施し、虐待の早期発見やチームを組んで支援を行い虐待ゼロのまちをめざす 〈実施内容〉 ・虐待未然防止キャンペーン大会開催 ・虐待予防・早期発見・ケアを考える研修会開催 ・子育て講座開講 ・親子ハンドブック作成 ・子育て支援ネットワークづくりの勉強会開催 ・個別支援、親学習講座開講	・NPO法人ほっとスペースゆう（事務局） ・民間子育て支援6団体 ・長岡京市 ・民生主任児童委員 ・京都府
配食活動協働プラットフォーム	一人暮らし高齢者の安否確認を兼ねた配食活動を広げるため、新規団体の立ち上げ支援やスキルアップ支援を実施 〈実施内容〉 ・配食の入門／実践講座開講 ・スキルアップ講座、地区別講座開講 ・配食活動立ち上げマニュアル作成 ・新規団体立ち上げの個別支援 ・配食シンポジウム開催	・配食活動協働プラットフォーム（事務局） ・配食ボランティア4団体 ・個人 ・長岡京市 ・長岡京市社会福祉協議会

			・民生児童委員 ・京都府
京都コラボ		行政・企業・個人のネットワークやスキルを活かし、コラボ推進による地域力再生活動の共同アピールと地域力応援隊づくり 〈実施内容〉 ・地域力kyotoウォーク	・京都コラボ（事務局） ・旅行業者 ・バス会社 ・新聞販売店 ・観光業者 ・元経営指導員 ・NPO ・個人 ・京都府
地域力再生活動を応援する 公共人材づくり研究会		NPO・中間支援団体・大学・行政等が協働し、地域力の再生にむけて組織運営の能力を高め、既存の活動の基盤を強固なものにしたり新たに活動を実践する人材を養成〈実施内容〉 ・人材育成プログラムの検討・実施 ・「ふるさと京都、夢・知恵・元気わくわく塾」開催 ・京の公共人材大賞の実施	・地域力再生活動を応援する公共人材研究会および京都府（事務局） ・NPO ・中間支援団体 ・地域公共人材開発機構 ・大学 ・京都府
京都竹カフェ		放置竹林に取り組む団体間で情報や問題点を共有し、連携して取り組める施策を企画・実施するための緩やかなネットワークをつくり、放置竹林対策や竹の利活用の共同研究を推進 〈実施内容〉 ・放置竹林に対する先進事例の見学会開催 ・会員や府民に対する情報提供のためのフォーラム開催 ・放置竹林マップ作成 ・竹に関する学習会開催 ・竹炭づくりレンタル窯制度の運営や竹炭づくりワークショップ開催（※休止中）	・同志社大学竹の高度利用研究センター（事務局） ・NPO ・企業 ・大学 ・京都府

てするのか」など、団体の活動紹介や知識などを伝えあう。それぞれがこのプラットフォームのなかでの役割を探している状況が見え隠れしている。そのなかで、「前回の会議ではまず多くの方に現状を知ってもらうためにツアーの実施が話題になった」、「素材を活かしたオリジナル製品を作りたいとの案もあった」などの事業計画に関する話題も出てくる。

　それぞれの参加者が思いを語った後で、話題の整理に入ることになる。多く

の企画が提案されたなかで、すぐに実現できることは見学ツアーと連続講座の開催であった。そこで見学ツアーの目的について意見を聞くと、「環境保全の現状を知ってほしいので自分たちの現場に来てほしい」、「管理の良い現場との比較も必要なので、伝統的な手法が守られている現場を紹介する」、「参加者に興味をもってもらえるような魅力をつけないと」、「昼食に薬膳料理を食べよう」、「参加者に実体験もしてほしい」など、10分ほどで概略が固まり、とりまとめの担当も現場をみてほしいと言った団体の方に決まった。旅行会社の紹介やチラシの作成については、協働コーディネーターのネットワークで調整することにした。

　連続講座も知り合いに講師を頼めると言った方に依頼し、会場は大学関係の方が担当することで、3回の連続講座の開催が決まった。この2つの活動の実施時期を決めて次の企画の検討に移る。環境にやさしい資材を作成する機材については、多くの関係団体の方々に活用してもらえるようレンタル機材として貸し出すことが決まり、その製作と管理はもう1基ほしいと言った団体が担当することとなった。「言い出しっぺリーダー方式」である。この実施の裏方を支え、アクターをつなぐ役割が協働コーディネーターの仕事となる。

　「府域の状況については、現状写真を募集してマップを作成し、3月に開催予定のフォーラムで公表しよう」、「フォーラムの場で、この粉末を使ったオリジナル製品を展示できる」、「もっと多くの活動団体に参加をお願いしてみる」などさまざまな提案が現実化してくるなかで、次回はフォーラムの内容について協議することで時間となった。

　参加者の思いを形にしていく。そのためにファシリテーターが必要となる。協働コーディネーターが、この役割を常に担うのではなく、自主的に集まっている地域力再生プラットフォームにおいては必要に応じて行うことが大切なこととなる。

　平成19年度には、京都府とNPOとの協働を推進するために2名の協働コーディネーターを府庁のNPOパートナーシップセンターに配属した。増加してきた地域力再生プラットフォームをさらに充実した内容とするため、平成22年度には3名を増員し、5名となった。翌年の平成23年度には、新しい公共

支援基金を活用し4地域の振興局ごとに各1名の協働コーディネーターを配属し、平成25年時点で9名の協働コーディネーターがさまざまな活動を支援している。

　活動の成否は、中心で動く人材に大きく左右される。その活動の中心となる協働コーディネーターの重要性は高まっている。

1）　京都府府民生活部府民力推進課協働コーディネーター「地域力再生プラットフォームのすすめ」3頁参照。
2）　同上。

〔鈴木康久＝京都府府民生活部府民力推進課課長〕

第7章 協働運営のための知識とノウハウ

1 協働のプロセスと評価

　アクター間の利害の調整や、合意形成、プロジェクトの進ちょく管理等、協働の運営は状況に応じてさまざまな対応が求められる。本章では、協働コーディネーターのような協働運営の実践者がいかなる点に配慮すべきなのか、その基準となる知識やノウハウについて整理する。

　まずは、協働のプロセスのなかで配慮すべき点についてである。これは、協働プロジェクトの評価に関する知見から示唆が得られる。わが国では、自治体や企業、市民との間の協働が推進されるなかで、協働によって実施されるプロジェクトをいかに評価するのか、そこでの評価基準や手法についてさまざまな議論がなされている。そもそも、公共的な分野におけるプロジェクトは、成果の定義づけや、数値化・指標化がむずかしいケースが多い。ゆえに、しばしばプロジェクトにおけるプロセスの妥当性を評価しようというアプローチがなされてきた。このアプローチには、協働プロジェクトのプロセスを評価するための基準が掲示されている。すなわち、協働プロジェクトの運営プロセスにおいて、どのようなポイントに留意すべきか、という点を意味するものであり、協働運営のあり方を考えるうえで有益だろう。

(1) コミュニティシンクタンク「評価みえ」の事業評価システム

　コミュニティシンクタンク「評価みえ」は、三重県の特定非営利活動法人であり、NPOの組織評価や行政と市民の協働プロジェクトにおける評価等のためのツールを提供し、改善を支援している。同法人が作成・公開した「事業評価システム2000」は、市民と行政が行う事業を、事業に中心的にかかわった人が事後に内部評価するためのシートである。このシートには、プロジェクトにおける25の評価項目が設定されている（図7-1）。

　具体的には、プロジェクトの準備段階においては、組織のミッション（政策）

図7-1 市民と行政の協働における評価項目

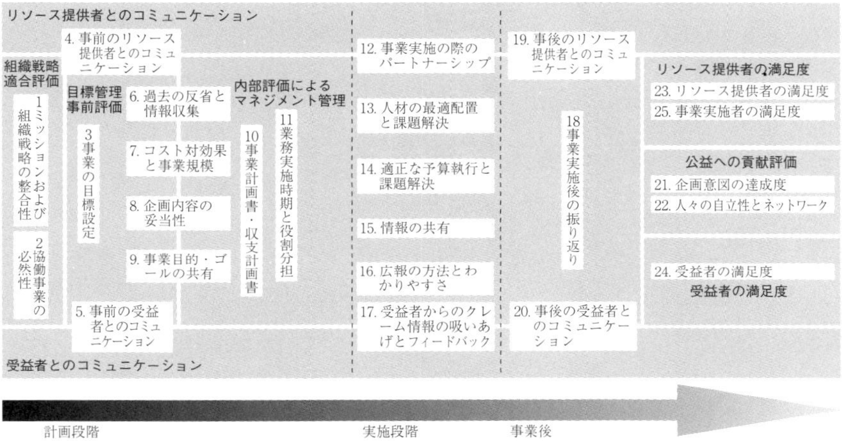

```
リソース提供者とのコミュニケーション
┌─────────────┬──────────────┬──────────────┬──────────────┬──────────────┬──────────────┐
│組織戦略      │4.事前のリソース│              │12.事業実施の際│19.事後のリソース│リソース提供者の満足度│
│適合評価      │ 提供者とのコミュ│              │ のパートナーシップ│ 提供者とのコミュ│23.リソース提供者の満足度│
│1            │ ニケーション   │内部評価による │              │ ニケーション   │25.事業実施者の満足度│
│ ミッションおよび│目標管理      │マネジメント管理│13.人材の最適配置│              │              │
│ 組織戦略の   │事前評価      │              │ と課題解決    │              │公益への貢献評価│
│ 整合性      │3            │6.過去の反省と │              │              │21.企画意図の達成度│
│2            │ 事業の       │ 情報収集     │14.適正な予算執行と│18           │22.人々の自立性とネットワーク│
│ 必然性      │ 目標設定     │7.コスト対効果 │ 課題解決     │ 事業実施後の │              │
│ 協働事業の   │             │ と事業規模    │              │ 振り返り    │              │
│             │             │8.企画内容の   │15.情報の共有  │              │24.受益者の満足度│
│             │             │ 妥当性       │              │              │受益者の満足度│
│             │             │9.事業目的・ゴール│16.広報の方法とわ│              │              │
│             │             │ の共有       │ かりやすさ    │              │              │
│             │5.事前の受益者 │             │17.受益者からのクレ│20.事後の受益者と│              │
│             │ とのコミュニケー│             │ ーム情報の吸いあ│ のコミュニケー │              │
│             │ ション       │             │ げとフィードバック│ ション      │              │
└─────────────┴──────────────┴──────────────┴──────────────┴──────────────┴──────────────┘
受益者とのコミュニケーション
         計画段階            実施段階         事業後
```

出所：コミュニティシンクタンク「評価みえ」(2000)。

や戦略（施策の方向性）との整合性、プロジェクトの必然性、目標の設定、資源提供者やプロジェクト受益者との意見・情報交換、等が評価項目に設定されている。続いて、プロジェクトの計画に関しては、過去のプロジェクトの反省と情報収集、費用対効果と事業規模の妥当性、企画内容（場所、時間、方法等）の妥当性、目的・ゴールの共有、計画書の作成と公開、等があげられている。プロジェクトの実施段階においては、業務分担・役割分担、資源提供者との連携体制、人材配置の適切性、予算執行の適切性、情報共有、広報の適切性、クレーム対応、といった点が評価項目となっている。プロジェクト後においては、プロジェクトの振り返り、資源提供者や受益者との意見・情報交換、が問われている。そして、プロジェクトの成果に関して、目標達成度、人びとの自立性とネットワークの創造、資源提供者、受益者、およびプロジェクト実施者の満足度が、評価項目として設定されている。

(2) パートナーシップ・サポートセンターのパートナーシップ評価

特定非営利活動法人パートナーシップ・サポートセンターは、2002年から「パートナーシップ大賞事業」を実施している。この事業は、市民団体・NPO

表7-1　NPOと企業のパートナーシップにおける評価項目

					事業性	協働性	事業主体	受益者／社会
目標設定	01	目標設定	事業で目指すものは明確だったか		■			
	02	ミッション	ミッションに合致しているかどうかを考慮したか		■		■	
	03	自己評価	自組織に不足しているものを認識できていたか				■	
	04	相手役割	パートナーに期待するもの（こと）は明確だったか			■	■	
	05	他者認識	パートナーのメリットを認識できていたか			■	■	
	06	社会認識	協働事業の受益者を把握していたか					■
経過	P1	マネジメント	事業の進捗を把握できていたか		■			
	P2	危機管理	十分な危機管理を行っていたか		■			
	P3	愉快度	相互に協働のプロセスを愉しめたか			■		
	P4	役割分担	パートナーは十分に役割分担を果たしたか			■		
事業結果	R1	目標達成	当初の目標は達成できたか		■			
	R2	合致度	それぞれのミッションに合致していたか				■	
	R3	役割補完	相互に不足しているものを補完できたか			■		
	R4	成長度	それぞれの組織が成長できたか				■	
	R5	ネットワーク	新たなネットワークをつくることができたか			■		
	R6	継続度	この事業を今後も続けたいか				■	
インパクト	11	インパクト	事業は外部にインパクトを与えたと思うか					■
	12	満足度	受益者に満足を与えられたと思うか					■
	13	気づき	社会に新たな「気づき」を与えられたか					■
	14	発展性	新たな発展の可能性を見つけられたか					■

出所：髙浦（2004）。

と民間企業との協働を対象とした表彰制度である。この表彰事業の審査プロセスのなかで使用されているのがパートナーシップ評価シートであり、これも、Plan-Do-Seeのマネジメント・プロセスにもとづいて作成された評価項目である（表7-1）。

　評価項目は、目標設定、経過、事業結果、インパクト、の4つに分類されており、計20項目が設定されている。具体的に、目標設定に関しては、目標の

明確性、ミッションの妥当性、自己評価、パートナーへの期待、パートナーの認識、受益者の認識、等が設定されている。経過に関しては、事業の進ちょく把握、危機管理、協働プロセスの愉快さ、役割分担といった点があがっている。続いて、事業結果に関しては、目標達成度、ミッション評価、役割補完、成長、ネットワーク創造、事業継続性、等が設定されている。そして、インパクトとして、事業のインパクト、受益者の満足度、社会への気づき、発展性、といった点が整理されている。

　上記の２事例が掲示する評価項目は、協働のプロセスにおいて何を評価するか、という要点を掲示したものである。しかし、これらは同時に、協働運営の実践者がとるべき行動や振る舞い、配慮すべき重要なポイントを示唆するものでもある。協働プロジェクトにおいては、明確に目標設定ができているか、利害関係者とのコミュニケーションは円滑か、役割分担や進ちょく管理は万全か、結果・成果の観察や把握ができているか、といった点を確認しながらプロセスを進めることは円滑な運営をはかるための条件といえる。

2　協働とファシリテーション・スキル

　企業や自治体における会議やシンポジウム、ワークショップ等において、ファシリテーション技術が注目されている。中立的な立場で参加者の心の動きや状況を観察しながら問題解決や合意形成を導くのが、ファシリテーション技術であり、その役割を担う人はファシリテーターと呼ばれる。このファシリテーション技術を参照することは、多様なアクター間のコミュニケーションや合意形成を可能にする意味で、協働の運営を考えるにあたりきわめて重要である。

　Schwarz（2002=2005）は、ファシリテーションにおけるファシリテーターの行動理論について、一方的コントロール・モデル、コントロール放棄モデル、相互学習モデル、を整理している。このうち、協働性の高い行動理論として指摘されているのが、相互学習モデルである。この相互学習モデルは、とくに困難な条件下に置かれたファシリテーターとその協働グループが能力を高められるようにする行動理論である。このモデルには、基本価値と基本設定、戦略、結果という３つの構成要素がある（図7-2）。

図7-2　ファシリテーターの相互学習モデル

基本価値と基本設定	戦略	結果
・確かな情報 ・情報にもとづいた自由な選択 ・内面的コミットメント ・共感 ・わたしは情報をもっているが、ほかの人たちだって情報をもっている ・わたしたちは、ほかの人の見ていないものを見ている可能性がある ・相違は学びの機会である ・人は与えられた状況下で誠実に行動しようとする	・想定や推察を確認する ・すべての関係情報を共有する ・具体例をあげ、重要な言葉が何を意味しているのかについて合意しておく ・理由と意図を説明する ・「態度」ではなく「関心」に焦点を合わせる ・提案と質問を組み合わせる ・次のステップと、意見の相違を解消する方法を一緒に作る ・タブーを話し合う ・必要水準のコミットメントを生み出す意見決定プロセスを使う	・理解を深め、対立と防御反応を減らす ・信頼が強まる ・自己達成と自己閉鎖のプロセスを減らす ・学びが多くなる ・能力を高める ・仕事生活の質を高める

出所：Schwarz（2002）、寺村・松浦訳書（2005）。

(1) 基本価値と基本設定

相互学習モデルの指針となる基本価値は、「確かな情報」「情報にもとづいた自由な選択」「内面的コミットメント」「共感」の4つである。第1に「確かな情報」とは、ある事柄への対処法について自分の想定と感情を含め、その事柄に関係するすべての情報を他の人と共有しようとすることである。そのために、自分の意図が他の人に明確に理解されるよう、自分の結論だけでなくその理由を伝えようとする。第2に、「情報にもとづいた自由な選択」とは、自身の目的とそれを達成する方法を自分で決められる状態のことを指す。これは、強制されたり、人に操られたり、わが身を守るためにする選択ではなく、何らかの重要な個人的ニーズを満たすことに関係した選択である。第3に、「内面的コミットメント」とは、自分の選択に個人的責任を感じる状況のことである。ある選択をすればアメが与えられるから、あるいは選択をしなければムチで打たれるからコミットするのではなく、選択を必然的あるいは納得のいくものとしてコミットする状況である。第4に、自分や他の人たちを一方的に守るのでは

なく、行動の説明責任をもたせつつも感情を汲み取ることが「共感」である。自分自身や他の人たちに対する判断を一時的に控える心的姿勢であり、共感をもって行動すれば、上記の基本価値も、みんなを理解し、感情移入し、手助けできるという意図である。

これら基本価値と同様に、基本想定というものがある。それは、「わたしは情報をもっているが、ほかの人たちだって情報をもっている」「わたしたちは、ほかの人の見ていないものを見ている可能性がある」「相違は学びの機会である」「人は与えられた状況下で誠実に行動しようとする」という4つである。これらは、自分は知る必要があることをすべて知っているわけではないと自覚すること、ほかの人たちが自分の見逃しているものを見ている可能性があると想定すること、考え方の相違は、相互理解を促し複数の見方を統合した解決策を生み出す可能性があると想定すること、人の動機はいかがわしいのではなく、純粋であるという想定に立つこと、等である。

(2) 戦　略

以上の基本価値と基本設定は、実際の行動における戦略につながるものになる。ここでの戦略とは、次の9つである。

① 想定や推察を確認する（人の言動から自分が読み取った意味が、その人の意図している意味なのかどうか、その人に聞いて確認する）
② すべての関係情報を共有する（人やグループの問題解決や意思決定の仕方に影響する関係情報をすべて共有する）
③ 具体例をあげ、重要な言葉が何を意味しているのかについて合意しておく（誰がいつ、どんな場面で、何を言ったのかを含め、詳細な関係情報を共有する）
④ 理由と意図を説明する（何が自身の発言や質問、行動につながったのかを他の人に説明する）
⑤ 「態度」ではなく「関心」に焦点を合わせる（人の態度ではなく、ある状況におけるニーズや願望（関心）を共有する）
⑥ 提案と質問を組み合わせる（ファシリテーターの意見とその理由を説明する、

他の人たちにそれぞれの意見を聞く、ファシリテーターの意見に対する質問を促す）
⑦ 次のステップと、意見の相違を解消する方法を一緒に作る（どうしたら意見の相違を解消できるのかを含め、次にどんなステップに進んだらいいのかを他の人たちと話し合って合意する）
⑧ タブーを話し合う（話題に出せば防御反応やその他のネガティブな結果を生み出すことも共有する）
⑨ 必要水準のコミットメントを生み出す意思決定プロセスを使う（情報にもとづいた自由な選択ができればできるほど、メンバーはその決定に対するコミットメントを強める）

（3） 結　果

　基本価値と基本想定、そして戦略にもとづく行動は、「理解を深め、対立と防御反応を減らす」「自己達成と自己閉鎖のプロセスを減らす」「学びが多くなる」「能力を高める」「仕事生活の質を高める」といった5つの結果をもたらすことになる。
　第1に、「理解を深め、対立と防御反応を減らす」は、他の人たちが自分の見逃しているものを見ている可能性を受け入れることで、未確認または不正確な想定や推察をもとに行動することから生じる対立や、それにともなう防御反応が減る点を指している。
　第2に、「自己達成と自己閉鎖のプロセスを減らす」は、自分が考えていることを他の人たちと共有することで、他の人が率直でないといった想定や、自分の推察を裏づけるためにひそかにデータを集める行為等が減ることである。
　第3の「学びが多くなる」は、自分とメンバーがそれぞれどのようにグループの能力を高めたり低めたりさせているのかなど、自身の学習を増やせると同時に、グループの学習も向上させられることである。
　第4の「能力を高める」は、グループにおける効率性や問題解決等のグループ能力の向上に貢献することを指す。
　第5に、「仕事生活の質を高める」は、理解と信頼を増やし、防御反応を減らすことで、ストレスを生む心配や、不安、怒りという仕事生活の質に影響す

る感情を減らすことである。

　そして最後に、これらの相互学習が生み出す結果は、その基本価値と基本想定にフイードバックされ、さらにアプローチを強化すると同時に、このアプローチを使い続けるようになると指摘されている。

　以上の相互学習モデルは、とりわけ多様なアクターが参加する協働プロジェクトの合意形成や意思決定プロセスにおいて、いかなる価値や信念をもつべきか、また、どのように振る舞うべきか、を示唆する有用な知見を提供している。協働プロジェクトでは、利害が一致しなかったり、アクター間に地位や権力の格差があったりするようなケースが珍しくない。ゆえに、さまざまなコンフリクトが生じ、場合によっては協働が成り立たなくなる。協働運営の実践者に課せられるのは、そうしたコンフリクトを解消し合意へ導くことである。相互学習型のファシリテーション技術は、そうしたコンフリクトを調整するうえで大いに参考になると思われる。

3　協働の形成・持続要因

　以上の協働評価やファシリテーションに関する知識は、協働運営の実践者の行動論に直接的に貢献する知見を示唆している。一方で、自身の基礎的な行動論のみならず、そこに影響しうる協働内外部のさまざまな環境要因にも配慮する必要がある。

　近年、異なるセクター間の協働の持続・発展に関して、理論モデルの検討が行われている。Dorado et al.（2009）によれば、協働の持続・発展は、大きく図7-3のとおり整理される。この理論モデルは、協働が形成され持続・発展するための要因を示唆している。すなわち、この知見は、協働プロジェクトを成功に導くために、いかなる要因を考慮する必要があるのか、その解答へ接近するための指標ということになる。

　協働が形成され持続・発展するために必要な第1の要因は、目的（関心）の共有である。これは、アクターを協働の開発や形成に動機づける要因であり、多くの論者が指摘する点である。異なるセクター間の協働の場合、アクターの目的は異なるケースが多く、この目的の共有は協働における最初の難題となる。

図7-3 協働の形成および持続性に関するモデル

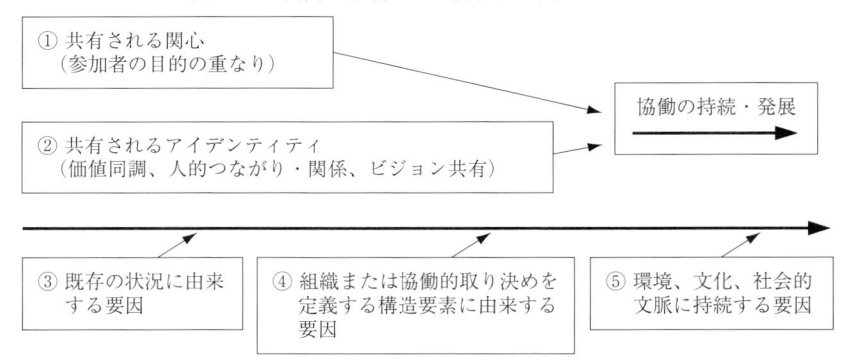

① 共有される関心
（参加者の目的の重なり）

② 共有されるアイデンティティ
（価値同調、人的つながり・関係、ビジョン共有）

協働の持続・発展

③ 既存の状況に由来する要因

④ 組織または協働的取り決めを定義する構造要素に由来する要因

⑤ 環境、文化、社会的文脈に持続する要因

出所：Dorado et al.（2009）を一部改変。

　この観点からは、協働の形成および持続性は、協働において導かれる利益とそこで生じるコストとのバランスに影響を受けることとなる。協働においてアクターが獲得するだろう利益への期待値が、その利益獲得のために費やさなければならない各種コストを上回ったときに形成が見込まれるのである。ただし、このバランスは終始不安定である。なぜなら、アクターが一旦利益を確認してしまえば、協働関係にとどまって活動するとは限らないからである。

　上記に関連した第2の要因は、アイデンティティの共有である。アクター間で共有されるアイデンティティの意識は、ジェンダー、人種、年齢のような外見的特徴や、価値や信念、規範といった内面的な心理が該当する。この要因の特徴は、「参加者個人がグループの一員と感じる場合、喜んでグループに協力する」という、アクターが協働から得られる利益と無関係だとする点である。このアイデンティティの共有という意識は、アクターが対話し、結束するようになり、そして「共通運命（common fate）」の感覚を経験する、といった社会的接触を通じて発展するという。

　そして第3から第5の要因は、アクター間の初期の関連を経て、協働の形成、維持、発展を可能にする関係性の管理についてである。まず第3は、協働形成以前の状況が及ぼす要因である。協働に参加するスタッフが、以前に協働を経験している場合、目的やアイデンティティの共有を行える参加者は増加する。

また、参加するスタッフが対人関係や信頼を通じて関係づけられる場合も、そうした参加者は増加するという。一方で、アクター間の地位および権力において差異がある場合、それが協働に従事し存続するスタッフの意欲を阻害するといった点も指摘されている。

　第4は、協働に参加するアクターの組織やそれらをつなぐ関係や協定の構造に関する要因である。この点については、コミュニケーションチャンネルの存在や利用、アクターの協働組織構造への運営的な統合、といった点が議論されている。また、協働が制度や行動様式が異なるアクターを関連させることから、活発なコミュニケーション、相互作用や相互学習を促進するプロセスや行動、協働の召集者の関与等についても議論がなされている。一方で、厳密な手続きに固執するアクターの存在、協働的な合意に応じることに対する組織内部の抵抗、スタッフの頻繁な入れ替わり等が、協働の発展を妨害する要因として指摘されている。

　そして第5は、協働の文脈である。この文脈に関しては、法律・制度・規範の役割について議論がなされている。アクターが、規範が支配的となる社会ネットワークに属する点、また、その規範は国の文化に埋め込まれている点等から、相互関係により一般化された規範、そして、協働をサポートする特定の法律・制度の存在について指摘がなされている。

　以上のモデルによれば、アクターが目的を共有するときに協働が始まり、参加スタッフが共有される目標やアイデンティティの共通意識を獲得するときに持続・発展する。これは、参加スタッフ間の対人関係の発展に決定的に依存するプロセスである。そして、組織や関係性・協定の構造、法律・規範といった要因がこれらに影響を与えうるということになる。では、このモデルから、協働運営におけるどのような示唆が得られるだろうか。

　第1に、協働運営においては、アクター間の目的共有をいかに達成するかという点が、やはり重要な課題ということになる。とくに多様なアクターによる協働の場合、各アクターが協働に期待する利益（目的）は千差万別であり、それは状況とともに変化するだろう。したがって、アクター間の利益の調整と同時に、協働へのモチベーションを維持する努力——たとえば、実現可能性の高

い成果目標の設定——が不可欠といえる。第2は、アイデンティティの共有をいかに達成するかという課題である。ジェンダー、人種、年齢のような特徴のほか、地域性やコミュニティ意識等も関連する。協働コーディネートの際、戦略的なコントロールが困難なケースも想定されるが、協働形成・発展に影響する重要な要素であることを視野に入れつつ、アクターの選択やコミュニケーションにあたる必要があるだろう。続いて第3は、協働形成以前の協働経験やアクターの関係性を考慮する点である。過去に協働経験をもつアクターの参加や、以前から良好なつながりをもつアクターどうしの参加は、協働の形成・展開に影響を及ぼす。とりわけ、前述した目的の共有や、アイデンティティの共有を促進することになるだろう。協働に参加するアクターの選択においては、これらの要素もふまえた戦略が求められる。第4は、協働に参加するアクターの組織あるいはそれらをつなぐ関係性や協定の構造への配慮である。協働において構築される関係性は、複雑化しやすい。同時に、協働のガバナンスは一定ではなく、時間とともに変化することが想定される。したがって、構築されているガバナンスの構造や関係性について常に気を配るとともに、状況に応じたアクター間の役割分担を進める必要があるといえる。そして第5は、協働の文脈に関する課題である。協働の形成・発展に特定の法律や社会的規範が影響するのであれば、そうした社会的規範や潮流への対応は不可欠といえる。これは、法・条例の制定や整備というレベルから、社会への啓発や積極的な情報発信といったレベルまで想定されるだろう。

　以上の知見は、抽象的であり、また、必ずしも実践的なものではない。しかしながら、こうした知見は、協働運営において、複雑な処理を求められたり、また、未知の対応が必要となった際に、実践者の決定や選択を後押ししてくれる。実践者がこれらを理解・認識しつつ実践へむかうことにより、戦略性や柔軟性をもった協働運営が可能となるのである。

〔小田切康彦＝同志社大学高等研究教育機構特任助教〕

第Ⅲ部

協働の実践

第8章 京都府中部地域の事例：大槻並環境保全プロジェクト

1 亀岡市および大槻並区の概要

　亀岡市は、京都市の東隣、大阪府の北に位置し、東西24.6km、南北20.5km、面積224.90km²の市である。古くから丹波亀山城を中心に栄えてきた城下町であり、周辺は豊かな農地に恵まれていた。昭和の大合併を経て、高度経済成長期には京阪神圏の都市とのアクセスが便利であることからベッドタウンとしても人口を増やしてきた。現在は9万3272人（2011年12月1日現在）で、ピークであった2001年以降微減傾向にあるものの、京都市、宇治市に次ぎ府内第3位の人口を有する。現在でも都市部と農村部が併存する多様性に満ちた地である。

　大槻並区（以下、大槻並）は、亀岡市の南部に位置し、アベマキ、コナラ、クヌギを主とした里山が存在する山間集落である。元は南桑田郡西別院村の一集落であったが、昭和の大合併時に亀岡市に編入され今に至る。現在8戸18人が暮らしており、市内で最も小さく高齢化が進んでいる集落でもある。稲作・畑作と、里山の利用が一体となった農林業が先祖代々行われている。かつては、集落内での酒造りや冬の厳しい気候と里山の雑木を薪として利用した寒天づくりが盛んに行われていた。しかし住民の高齢化により、将来的には集落の諸活動の維持がむずかしくなることが、地元でも予想されている。

　たとえば、田畑の日照時間や風通しを確保するため、周辺に生えている木を刈る「ワチ刈り」と呼ばれる作業は、後述する大槻並研究会の協力を得るまで、人手不足から20年の間行われていなかった。

2 大槻並環境保全プロジェクト

(1) 事業の概況

　大槻並環境保全プロジェクトは里山の再生による田舎の創造をテーマとして、2010年からプラットフォームとして取り組みが進められている事業であ

る。活動趣旨は大槻並川の源流にある美しい里山を守るとともに地域資源の有効利用と山村都市交流を進めることにあり、具体的な活動事業として、ワチ刈りや共有林の間伐活動、小学生対象の森林環境教育などを開催し、農地等の有効利用をはかることをあげている。

実施主体は大槻並研究会（以下、研究会）である。亀岡市にある京都学園大学バイオ環境学部の中川重年教授が発起人となって、任意団体として2009年4月に設立された。目的は大槻並における里山の森林管理と林産物の生産支援であり、現地での活動頻度は月に1、2回である。

研究会発足のきっかけは、2008年に亀岡市副市長から中川教授に対し、大槻並との連携を要請されたことである。京都学園大学と大槻並との間に元々交流があったこともあり、中川教授を中心として研究会が立ち上げられた。一方、中川教授は京都府南丹広域振興局企画調整室長とも交流があった。室長の働きかけもあり、2010年度に大槻並環境保全プロジェクトとして、研究会の活動を京都府のプラットフォームに位置づけた。

中川教授が要請を受け入れて大槻並に注目した理由は、集落の規模が8戸と小さいため住民との意思疎通が容易である点に加え、大槻並の自然環境が教授の研究テーマに合致し、魅力的に映ったためである。

実際の活動状況はどうであったか。研究会発足後、さっそく2009年に20年以上放置されていたワチ刈りを住民と学生が共同で行った。2010年3月には、中川教授の人脈をうまく活用して、大阪市東淀川区のボーイスカウトと共にキャンプ場を整備した。同年9月には、キャンプ場を会場に亀岡市の小学生を対象とした森林環境教育活動を展開している[6]。また学生やボーイスカウトと共に神社の裏山の間伐や農作業を行った。

事業は着実に進展するとともに、住民や学生、地域の子どもが共同して作業を行い、大学教授がプロジェクトを取り仕切ってリーダーシップを発揮するなど、大槻並環境保全プロジェクトは、京都府がめざす人と人のつながりが形成されたプラットフォームとしてうまく運営されているようにみえた。

(2) 大槻並の事情

　しかし、実情は少し異なっていた。当初からプロジェクトにかかわり、住民側のリーダー的役割を果たしてきた大槻並元区長によれば、現場では次のようなことが起こっていた。農作業を経験した学生が少なく、住民が農具の使い方を説明するところから始める必要があった。学生が怪我をしないように監督をする気苦労や、休憩時間の学生への湯茶提供に関して住民が費用を負担することもあった。これらの負担感から、すべての住民が中川教授の活動に全面的に好意を抱いているとは言い難い状況があった。

　また、学生が農作業を終えた後の田畑の日常の管理は、住民が代わりに行わざるをえなかった。神社の裏山の間伐についても、結果は数本の木の伐採と木材搬出の実施体験にとどまった。間伐を完遂してほしい住民の希望と、間伐体験をさせたい教授側の考えとのズレが生じた。これらのことも住民は負担と受け止めていた。

　とはいえ、元区長は、大学と住民の考え方のズレや、最終的に住民にある程度負担が生じることについて、学生等の受け入れを引き受ける以前からある程度予測していたという。にもかかわらず、大槻並は中川教授からの協力依頼を承諾した。そこには、大学が大槻並に集会所を設置するという話に期待を寄せたという背景があった。

　大槻並には従来、会合を行う際の集会所がなく、以前に亀岡市に集会所の設置を要望した。設置の条件として費用の一部を地元に求められたが、戸数がわずかである大槻並では必要な資金を確保することが困難であった。そのため、集会所の設置は実現しなかった。

　中川教授の取り組みが始まると、作業途中に学生が休憩や食事をする施設が必要だという話になった。そこから大学の経費で住民の集会所を兼ねた建物を設置する案が生じた。用地を確保し、大学も一旦は予算の計上を行ったが、集落内に空き家が1軒存在しておりこれを活用することになり、集会所の設置計画は頓挫した。

　元来、亀岡市内で最も小さな集落である大槻並は、以前から大槻並の上部団体である亀岡市西別院自治会に対する役員の選出にすら苦慮しており、区の運

営を維持することで精一杯であった。集落の外にノウハウや知識経験を求めないかぎり、今後の集落の活性化は残念ながら望むべくもない状況であった。

そうした背景から、集会所設置の一連の顛末は、集落の活性化を望み、元区長が外部の専門家のノウハウを導入しようとしたひとつのエピソードとして理解できる。また元区長は、ボーイスカウトや学生が活動することで、集落に元気が出ることを期待していた。これも住民相互の力量だけでは解決できない課題を外部に求めて乗り切ろうとする元区長の考えによるものだろう。いずれにしても中川教授に対して、元区長はこれまで集落のきめ細かな要望を行政に伝える術をもっていなかった大槻並にとって、地元に貢献し、京都府や亀岡市と大槻並との橋渡し的役割を務めてくれる、非常に得難い人物であると受け止めている。

元区長は、大槻並環境保全プロジェクトの取り組みを通じて最も重要と感じたことは、外部の協力者に対し地元の状況や住民の心情を十分理解してもらうことだと話している。地元と大学との連携を進めるなかで、地元の負担や利益にも十分配慮したうえで中川教授との取り組みを進めていくことを大槻並の住民は求めているようであった。

3 大槻並環境保全プロジェクトのさらなる活動

(1) 事業の概況

中川教授は大槻並環境保全プロジェクトの取り組みを通じ、さらに目に見える具体的な成果が必要だと考えていた。そこで休耕田を利用して学生が酒米を栽培し、地元の酒造会社の協力を経て大学ブランド清酒「純米酒大槻並」を製造し[8]、2011年2月から販売を始めた[9]。また、以前に大槻並で行われていた、里山の薪を燃料として使用する寒天づくりを再生させる取り組みも行っている。

また、日本酒製造の際に生じた酒粕を利用して酒粕飴を製造し、京都学園大学のアンテナショップで販売した。これも好評だったため、1度の製造にとどまらず継続して製造、販売している。さらにコンニャク芋やスイカの開発も進めている。

酒米を利用して製造した日本酒は地元大槻並の地名を冠した純米酒「大槻並」として販売された。このことが大槻並住民にも好評だったため、大槻並の現区長が近年新たに生じた3枚の放棄水田をつくり直し、京都学園大学側に提供した。その結果、耕地面積は拡大した。

(2) 中川教授による評価

　前項で述べた産品開発のなかでも、酒米の生産については特に成功した例だと中川教授は考えている。日本酒の製造により地域の特産品が生まれたことに加え、地元酒造業者との連携による地域とのつながりができたこと、酒粕を利用した飴の製造に発展し、学生がラッピングデザインを考案し、地域で好評であったことなど、その波及効果の大きさを強調している。中川教授はまた、これらの産品開発が大槻並の利益にとどまらず、大槻並のような規模の小さな集落でも全国に通用するような産品ができるということを、里山振興の成功例として京都府および亀岡市が広く対外的にアピールすることができるのではないかと見立てている。この点では、京都府および亀岡市はこのプラットフォームにおいて恩恵を受けたのではないかと考えている。

4　大槻並環境保全プロジェクトを通してみたプラットフォームの評価

(1) 中川教授による評価

　中川教授は、大槻並環境保全プロジェクト自体は概ねうまくいっていると評価している。一方で、大槻並環境保全プロジェクトの取り組みに関し、本来プラットフォームが期待している機能を果たしているかについて、中川教授は必ずしも全面的に肯定しているわけではない。

　プラットフォームのひとつの大きなメリットは、行政やその他各方面から有効なアドバイスを得られるということであった。しかし実際は中川教授のほうが情報をもっており、自身のネットワークを活かした情報収集ができていた。農作業等を行った学生は中川教授自身の研究室に所属する学生であった。大阪市のボーイスカウトはかねてから中川教授が有していたネットワークにより参画したもので、プラットフォームの枠組みをうまく活用したものではなかった。

行政とのかかわりについては、プラットフォームへの導入こそ京都府や亀岡市の連携により成立したものであったが、その後の活動は、特段府や市の専門的知識を活かす場面はみられなかった。

　一方で中川教授は、今後大槻並の取り組みで、他の団体と協力して新たな取り組みを行う場合には、プラットフォームを積極的に活用せざるをえないとも述べていた。一般論として、NPO法人に専門知識がない場合や事務処理能力が低い場合、専門的知識や能力を有する他のNPO法人や企業、行政との協力を行うことが容易であるという点においてプラットフォームは有効だという評価であった。

(2)　元区長による評価

　プラットフォームのメリットである、行政その他各方面からの有効なアドバイスを得ることができる点について、元区長は中川教授とほぼ同様の考えであった。農作業の技術やアイディアは住民のほうが経験豊富であるという認識であり、こと農業に関するアドバイスを行政に求める考えは有していなかった。むしろ、中川教授とのつながりを最重視していた。

(3)　京都府南丹広域振興局のかかわり[10]

　京都府南丹広域振興局は、大槻並研究会が発足する2009年以前から中川教授と大槻並における森林整備活動の可能性について情報交換を行ってきた。一時は亀岡市も交え、企業の協力を得て具体的な事業導入をめざしたこともあったが、企業・地元双方に消極的な声があり頓挫している。

　最終的には、こうした情報交換を通じて、プラットフォームに位置づけて事業を行うことに合意した。

　プラットフォームとしての取り組みが始まった2010年以降、大槻並環境保全プロジェクトにおける行政の目立った参画はみられなかった。振興局は、現在事業が順調に進んでおり、行事活動や意見交換等に関する研究会からの参加要請がとくにないこともあって、現在は静観している模様であった。具体的な参加要請があればいつでも研究会に出向くとのことであった。

(4) 今後の展開について

　これまで中川教授は研究会を運営してきたが、いまのところ大槻並自体の活性化に結びつく長期的展望をもつには至っていない。大槻並の現状をふまえ、引き続き新しい産品の開発を続けていくうえで、大槻並の住民と模索しつつ協力関係を維持できればよいという考えであった。

　一方、元区長も含めた集落サイドでも、取り組みの将来的展望を冷静に受け止めている。大槻並の人口が今後増加することは考えられず、さらなる高齢化が予想される。今後取り組みは廃れていくとさえみている。それでも、現状の取り組みが当面維持できるだけでも十分成功であると考えているようである。

(5) 考　　察

　ここまで、大槻並環境保全プロジェクトの取り組み状況を、当事者のヒアリングも交えながら述べた。

　まず、大槻並環境保全プロジェクトの取り組みによる事業自体は概ね成功しているといえる。さらに、農地等の有効利用から発展的に取り組んだ酒米の栽培はその後の特産品の開発につながり、大きな成果をあげたものと評価できる。

　事業そのものが成功している要因は何か。それは事業推進に果たす中川教授の専門性とともに、受け入れ側の元区長のリーダーシップが最も大きな要因であると考えられる。元区長は一見強いタイプのリーダーには見えない。しかし中川教授の繰り出すさまざまなアイディアに対し、ある程度の不満をもつ住民をうまくまとめながら柔軟に受け入れた元区長の対応によって、結果として事業が成功し継続されている。中川教授という外部の専門家をとりいれたことと、元区長が果たすリーダーシップは、地域の課題解決に必要な要素であると考えられる。

　次に、地域力再生プロジェクトがめざす、地域の課題解決を通じた活動によって、住民意識の向上や人と人とのつながりを強めた効果があったといえるか。もともと8戸18人という極小集落であり、住民相互のつながりはあった。しかし、具体的な事業を導入するに際しては住民間で意見が異なり合意形成に困難をきたした。同様に、中川教授と住民との間でも、事業の進め方を巡って必

ずしも意見が一致していたわけではない。ただし、これを住民意識の向上やつながりを強めたことにはならないというのは早計である。むしろ、これまでの住民どうしのつながりがあったからこそ、また、課題を正面から受け止めるからこそ、具体的な事業の取り組みに際し多様な意見が出てくると考えるほうが、むしろ自然である。

　行政とりわけ京都府職員の参画についてはどうか。プラットフォーム開始後、府職員の専門的知識がとくに求められていない点については、住民、中川教授、京都府の意見は一致している。一方、地域力再生プロジェクトを開始するにあたり、山田啓二知事は府職員が直接住民と接することにより、現場の課題およびニーズをいち早く把握し解決することや、自ら住民等と共に行動し、課題解決をはかることによって、現場や住民のニーズに合った施策を実行することができるのではないかと考えていたが[11]、こうした点からは、まだ府職員の関与する余地は残されているようである。

　確かに大槻並の取り組みでは、専門的知識やネットワークは求められていないものの、住民と大学との間に必ずしも十分な意思疎通ができていない部分があった。府職員が進んで取り組みに参画し、住民と接触していれば住民と大学の意思疎通が円滑になったかもしれない。元区長が、外部の協力者に対し地元の状況や住民の心情を理解したうえでの取り組みを進めることが大事と述べたことは先述のとおりである。少なくとも大槻並の取り組みにおいて、府職員が進んで参画する必要がある。もちろん地元の状況により精通しているはずの亀岡市の参画が求められることは言うまでもない。

　なお、プラットフォームの特徴のひとつに新しい価値創造にむけた施策や協働事業を生み出すことがあげられている。結果的に中川教授は休耕田を活かした産品開発を行い、さらなる活動の広がりをみせたことについては一定評価されてよい。しかし、これについてももっぱら中川教授のアイディアに負うところが大きい。府職員も自らのもつ専門性を活かした、別の視点からの取り組みやアイディアを提案することは可能である。この点でも府職員の参画は必要である。

⑹　まとめ

　本来プラットフォームが想定している典型的なケースは、地域を良くしたいという思いのもと、ゼロベースで地域づくりにかかわるさまざまな人びとが集まり、新たな課題の設定および課題解決のための意見交換、施策の立案・実施を行うことであった。大槻並の事例は、すでに住民と大学という主要なアクターが出揃っており、また課題も当初から明確にされていた。行政が後から参画するという、いわば後づけのかたちでプラットフォームとして取り組みを進めた点で、プラットフォームの例外事例と位置づけられる。

　しかし、取り組みを詳細にみるなかで、地域の課題解決に必要な要素である住民の意識向上や外部の専門性、リーダーの役割が明らかになったことで、本事例をみる意義はあったものと考えられる。

　また、プラットフォームの枠組みからみた大槻並環境保全プロジェクトにおける課題は、行政の積極的なかかわりである。すでに事業が進みつつあった時点で府職員が参画した事情は斟酌されるべきであるが、現に住民が必ずしも十分な満足感を得ていないことがわかった以上、地元のニーズを把握し取り組みを円滑に進める役割や、新たな価値創造にむけた取り組みが府職員や市職員に求められる。

1) 亀岡市「平成22年版亀岡市統計書」http://www.city.kameoka.kyoto.jp/bunshokanri/shise/toke/tokesho/documents/1totikisyou_2.pdf（最終閲覧日2012年1月23日）。
2) 亀岡市「亀岡市の人口・行政区別人口統計表」http://www.city.kameoka.kyoto.jp/uketsuke/shise/toke/jinko/h231201.html（最終閲覧日2012年1月23日）。
3) 昭和30年1月1日亀岡町の市制移行に際し、亀岡町を含む周辺16町村が合併。
4) 日照時間を増やし、いもち病など病気の予防のための風通しの確保の点から、農地と林地の間の幅8mほどの山側の部分を帯状に草刈りを行う。陰伐地と呼んでいるが、大槻並地区では「わち」、南関東では「こさ」と呼んでいる。大槻並には小さなエリアであるにもかかわらず、1000mを超える「わち」がある。中川重年「本物の里山をどう生かす─里山を活用した低炭素環境コミュニティーのモデルづくり」『産学官連携ジャーナル』第6巻第5号（2010年）、28頁。
5) 概要について、たとえば京都府「京都府の大学と地域をつなぐポータルサイト『知』のデータベース・大槻並研究会」などがある。http://www.chinodb.pref.kyoto.lg.jp/contents.php?action_record&id=76（最終閲覧日2012年1月23日）。なお、本節から第4

節までの記述は、2011年9月1日に行ったヒアリングをもとにしている。
6)　前掲注5)を参照。
7)　1955年1月1日亀岡市合併前の旧西別院村が西別院町自治会として発足。大槻並区は西別院地区を構成する一集落である。
8)　『読売新聞』2010年12月8日（朝刊）。
9)　『京都新聞』2011年1月26日（朝刊）。
10)　京都府南丹振興局森づくり推進室へのヒアリング、2011年8月9日および2012年1月23日。
11)　山田啓二「地域力再生プロジェクトの挑戦」真山達志・今川晃・井口貢編著『地域力再生の政策学―京都モデルの構築に向けて』ミネルヴァ書房、2010年、10〜12頁。

〔神田浩之＝京都府府民生活部府民力推進課副課長〕

第9章 京都水車ネットワーク

1 京都水車ネットワークの目的

　京都水車ネットワークの取り組みは、府内に点在している水車を通して地域おこしを進める複数の団体を結びつけて、プラットフォームの事業として展開をはかっているものである。平成21年11月に2つの団体がプラットフォームを活用してネットワークづくりを進め、活動を行うことを目的として設立された。京都水車ネットワークの設立の趣旨として、ひとつは水車を活用して活動に取り組む団体（以下、水車団体）間のネットワークの拡大・発展と具体的なテーマや課題について議論、検討を行うこと、2つには水車の存在や水車設置の意義等を広く府民や地域住民に周知する方法について検討を行うことがあげられている。現在（平成24年12月時点）10の団体がネットワークに参加しているが、それぞれの水車団体の立ち上げに至る経緯や活用目的は多様である。水車による精米等を通した地域の農産品・特産品の開発、販売による地域おこし、水車のある風景を生かした景観保全、水車による発電などである。水車団体それぞれの設立経緯や目的は異なっていても、先にあげたネットワークの設立の趣旨に沿い、それぞれの水車団体の取り組み内容に関する情報を交換し共有することで、さらに水車団体の活動の幅を広げ地域おこしや地域課題の解決に資するとともに、そうした活動が府民や地域住民、また全国に広がっていくことが期待される。

2 京都府南丹広域振興局のかかわり

　さて、現在プラットフォームは90近くある（本章執筆時点）が、それぞれ住民団体等と京都府をはじめとする行政、企業、大学等が連携して取り組みを進めている。京都水車ネットワークでは、京都府南丹広域振興局が大きな役割を果たした。

　平成21年度にプラットフォームを形成する以前に、京都府が行う地域力再

生プロジェクト支援事業交付金を活用し、すでに南丹広域振興局管内を中心に府内で3つの水車団体が事業展開を行っていた。活動を行っているうちに、府内には他にも水車団体があるはずであり、そうした団体相互のネットワークを構築して情報や利活用ノウハウの交換を行い、ネットワーク全体でまとまって情報発信を行えば、個々の地域がさらに活性化するのではないかとのアイディアが生じた。そこでネットワークを構築するため、地域おこしに積極的に取り組む京都府職員も交え、水車団体の掘り起こしに着手した。

そうしたところ思いのほか、南丹広域振興局管内はおろか、府内とりわけ京都市中心部にも水車団体があることがわかった。こうして掘り起こした水車団体に幅広く声をかけ、ネットワーク化を行うプランが具体化していった。そして京都府のプラットフォーム支援事業として取り組むこととなり、南丹広域振興局を事務局として具体的な活動が開始された。

3 水車ネットワークの取り組み

ネットワークづくりを進めるに際し、まずはこれまで個々に活動していた水車団体が一同に会し、情報交換や取り組みにおける課題の共有を行うとともに、その取り組みを府民に広く周知することが必要であると考え、「水車サミット」を開催することになった。参加者を募るため、事務局では主に京都府庁の農林部局を中心に、水車団体を片っ端から探し出し、サミットへの参画を呼びかけた。掘り起こしに際してはインターネットも活用するなど、この間は南丹広域振興局を中心として着々と作業が進んでいった。こうして第1回目の「水車サミット」は平成21年11月に亀岡市で開催された。

第1回の水車サミットのコンセプトは、まず水車団体どうしが顔を合わせること、互いの活動内容を知ること、なかでも先進的な活動のノウハウを吸収することであった。そこで、まずは府内の先進的な水車団体による基調講演を行うとともに、バスツアーにより3つの水車団体の取り組みの見学を行った。

翌平成22年には第2回「水車サミット」が開催された。第2回においては、第1回の取り組みをふまえて、さらに内容を発展、深化させる必要が求められた。具体的な取り組み内容として、ひとつは全国レベルでの先進的な活動のノ

ウハウを吸収することがあげられる。いくつかの候補のなかから静岡県浜松市天竜区の取り組み内容が選ばれ、基調講演として紹介された[1]。2つには、4つの分科会を設け、それぞれの水車団体の活動内容を具体的に発表してもらうことである。4つの分科会とはすなわち「歴史・文化」「観光・地域づくり」「構造・技術」「環境・発電」であり、それぞれ意見交換を行い各グループからの発表とまとめ、各グループのファシリテーターからの講評がなされるなど、第1回のサミットに比べ、内容が充実してきた。3つには、開催地の地元水車団体による特産品販売である。水車でついた米を用いたおにぎりや、同じく水車でひいた小麦を用いたピザやシフォンケーキ等の試食・販売を行った。さらには他の水車団体からも同様に作成された産品の出展・販売も行われ、水車に関心のある府民も参加しやすい環境を整えた。

当時の盛況ぶりは南丹広域振興局が作成するサイトによりインターネット上でも確認することが可能であるが、なかには地域おこしに関心をもつ大学生が自らの関心に引きつけて、ブログにより水車ネットワークの取り組みを記述する例もみられるなど、水車サミットの取り組みが府民に対する情報発信の役割を一定果たしていることは間違いない。

また活動内容とは別に、ネットワーク組織の基盤強化もあわせて行われた。ネットワーク設立当初は京都府職員を中心として組織の構築がなされたが、ネットワークの将来的な行政からの自立を念頭に、各水車団体が自主的・主体的に運営できるよう役員の選出や所在等の明確化を組織規約上において行うなど、単なるイベントの実施だけではなく、息の長い永続的な取り組みとなるよう基盤整備が行われたことは、今後の活動の展開をはかるうえでも重要であった。

なお、このときに水車サミットを各水車団体が持ち回りで開催することも決定している。

平成23年の第3回「水車サミット」[2]は舞鶴市で行われた。ここでは、サミットの具体的な取り組み内容の検討に際し、さらに水車団体が主体となって行うようになり、行政職員、とくに南丹広域振興局の職員は、サミット当日の運営スタッフとしての活動に特化しつつあった。

また、前回第2回のサミット開催時に、サミットの開催を水車団体間で持ち回りにより開催することとなったことから、開催地の特色をより前面に出すこととした。その結果、開催地にとっては地元アピールをより積極的に行うことが可能となり、集落をあげた全面的な広がりをみせることとなった。

写真9-1　水車小屋の見学

　この会の特色は、開催地である舞鶴市杉山地区そのものを広く周知することでもあった。現地見学会にあっては単に水車を見学するだけでなく、杉山地区のセールスポイントである名水の水源や地元ゆかりの神社巡りを加え、昼食時には地元で収穫された農産品を用いてさまざまな料理が提供されるなど、単に水車による取り組みから、まさに地域おこしの取り組みへと広がりをみせていた。

　基調講演についても、地区をとりまく海洋や森林について知見を広める内容となっており、水車のみならず地域全体を考えるきっかけを提供しているなど、もはや現地・現場から地域おこしや環境保全について議論し理解を深める取り組みへと脱皮しつつあるのではないだろうか。

　実は筆者自身も第3回の水車サミットに一府民として参加したのだが、雨天にもかかわらず多くの参加者が集い、集落内がたいへん賑わっていた（写真9-1）。それまでの70名程度の参加者数が一気に倍の140名程度となり、収穫祭となる昼食会場のテント内も多くの参加者や地元住民で埋め尽くされていた（写真9-2）。もちろん京都府職員も総出で運営にあたり、参加者どうしの交流や情報交換も随所にみられた。サミット運営委員長の話によれば、年1回のサミット以外にも、サミットを通じて知り合った参加者どうしが情報交換を日常的に行っているとのことであった。たとえば水車の製作方法や水車で引いた米粉を用いたピザづくりやピザを焼く石窯の作成のノウハウの交換を通じて、普段からの人的交流も行われているとのことであった。活動を通じ参加者の満足度合いは高いように感じられた。

　ここまで水車サミットが徐々に取り組み内容を深め、活動の幅を広げてきた

第9章　京都水車ネットワーク　103

写真9-2　昼食会場のテント内

ことをみてきたが、実はこのような段階を経た取り組みについては、ネットワーク設立当初から南丹広域振興局において考えられていたようである。つまり、最終的にはネットワーク組織の自主的・主体的な活動となるよう、徐々に行政主導の取り組みからネットワーク組織自身による取り組みへと移行し、初年度を「立ち上げ期」と位置づけ、順次「定着期」、「自立準備期」、「完全自立期」として毎年ネットワーク組織の自立度を高めていく工程表を南丹広域振興局自体が有し、着実に事業を進めてきたのである。

平成24年度には、ネットワーク組織の財政的な自立を果たすため、会員数を増やし会費収入を増やす取り組みとして、これまで水車団体に限っていた会員資格を関心のある府民にも個人会員として広げる取り組みを行った。さらに今後の課題として、一定広がった府内での取り組みをふまえ、今後の新たな活動の展開をどのように進めていくのか、全国の同様の活動とどのように連携していくのかがあげられていた。

4　今後の展望

水車ネットワークのこれまでの取り組み状況について、設立当初から順を追って述べてきたが、この間の状況を見るかぎりにおいては、プラットフォームの基本的な考え方である、行政と民間とが互いの強みを活かしさまざまなアイディアを生み出して事業展開を行っていくという理念に沿って、着実に発展を遂げていると思われる。

会員のみならず、インターネットを通じて水車ネットワークの取り組みに関心を示した大学生がサミットに参加し、その様子を自らのブログで発信したり、独自に水車による地域おこしの取り組みを進めようとしている有志からのサミットへの参画問い合わせが今でもあるなど、いずれも筆者自身が直接確認している。まだまだ取り組みの輪は広がっているのである。

南丹広域振興局が定めた工程表にいうところの「完全自立」にむけて、今後

一層の発展が望まれるところであるが、さらなる活動の発展にむけ、行政が今後も何らかのかたちで支援を行っていくことも当然期待されるところである。

1) NPO法人夢未来くんま副理事長・大平展子氏の講演。
2) 2011年度は舞鶴市で11月19日に開催され、関係者約140名が参加した。詳しい状況については、京都府南丹広域振興局「『名水の里杉山フェスタ〜第3回水車サミット』大盛況」参照。http://www.pref.kyoto.jp/nantan/1324426995379.html, http://www.pref.kyoto.jp/nantan/resources/1324427192479.pdf（最終閲覧日いずれも2012年1月23日）。
3) 全国100名水のひとつとしてとりあげられている。
4) 実行委員長であるNPO法人「名水の里杉山」理事長・松岡良啓氏へのヒアリング、2011年11月19日。

〔神田浩之＝京都府府民生活部府民力推進課副課長〕

第10章 京都府北部地域の事例：人材の観点から

1 京都府北部地域について

　本章ならびに第11章では、京都府北部地域における協働型社会の実現にむけた取り組みの事例について紹介したい。とくに本章では、地域課題の解決にあたる人や団体の取り組みを通して京都府北部地域の課題や展望について述べる。なお、本章および第11章において、「京都府北部地域」（以下、府北部地域）と述べる場合、京丹後市、宮津市、与謝野町、伊根町、綾部市、福知山市、舞鶴市の5市2町を指す。

　京都府は南北に長く、京都市中心部から北部地域へは直線距離で60〜100km、京都駅から特急利用で、綾部まで65分、福知山まで80分、東舞鶴まで95分、宮津まで110分、そして最も遠い久美浜までは150分を超える。また高速道路網は、京都縦貫道、舞鶴若狭自動車道が存在するものの、京都縦貫道の丹波－京丹波わち間の開通は2014年度の予定であり、府内にありながら、京都市内とのアクセスが良いとは言い難い地域でもある。

　また、府北部は、人口減少、高齢化、第1次産業や繊維産業等地場産業の衰退と雇用の減少、中心市街地の空洞化、耕作放棄地や鳥獣害被害の拡大、いわゆる「限界集落」の出現といった中山間地における諸問題の出現等、わが国の「地方」が抱える課題に直面している。

　また、府中南部の自治体と比して、15〜64歳の生産年齢人口の構成割合が低くなっている（「平成22年国政調査」参照）。これは、地元の高校を卒業すると、進学先や就職先が限定されるため、大都市部へ流出していると考えることができる。すなわち、人口減少の要因として若年層の流出があることがわかる。さらに、大学進学等で出身地域を離れた人が、大学等を卒業する年齢になって戻ってくるのは4人に1人程度である[1]。

　このことは、地域経済の担い手の減少ということばかりでなく、次世代の地域コミュニティの担い手も先細りであることを意味しており、Uターン・Iター

ン等、外部からの誘致を含めた地域の担い手の確保や育成は喫緊の課題である。

2 府北部地域における地域づくりの概況

　府北部地域では、より深刻な地域課題に直面している農山村や中山間地域において、2000年代初頭〜半ばあたりから、既存の業界団体や地域住民組織のそれとは異なる「新たな取り組み」がみられるようになっていた。

　綾部市志賀郷では、米農家の井上吉夫氏を中心に、少子高齢化が進む地域へのUターン、Iターンによる定住を促進するため、新たにそこに住むにあたっての住居紹介をはじめとするさまざまな情報提供やケアを行う「コ宝ネット」を立ち上げている。また、2010年4月〜2012年3月までの2年間、毎月第3土曜日に、手作り市「三土市」を開催し、多くの来場者を集めるとともに、地域の魅力発信や地域住民と出展者や来場者との交流等、好評を博し、惜しまれながら終了した。

　同市上林では、志賀郷地区同様少子高齢化が進み、小学校の閉校や農地の荒廃が進むという課題に対して、地域の情報発信やIターン者の定住サポートやネットワークづくり、地域の特産品づくり等を行っている「きらり上林」が存在する。

　舞鶴市岡田中では、江戸時代後期に建てられた大庄屋屋敷「上野家」を改修し、保存と利活用に取り組みながら、現在、NPO法人KYOふるさと加佐が地域住民組織である「岡田中むらづくり委員会」等とともに、農産加工品の開発販売等といった地域資源を活用した地域づくりや仕事おこしを進めている。[2]

　福知山市三和町では、2006年の福知山市との合併により、行政機能やさまざまな生活インフラが縮小するなか、同年、NPO法人丹波みわが設立された。現在、宿泊施設「三和荘」および周辺施設を指定管理者として管理運営するほか、過疎地ならびに福祉有償運送、買い物代行サービスといった地域に密着したさまざまな事業を行っている。

　同市雲原では、1934年の室戸台風による災害を契機に実施されたわが国の砂防計画の先駆けである「雲原砂防」を活かした地域づくりを行っている。2007年、地域団体が中心になって設立された「雲原砂防イベント実行委員会」

が、雲原砂防を活かしたさまざまなイベントを実施しており、毎年7月に開催される「ドラム缶転がしタイムレース」はよく知られている。また水車を復元させ、その動力で米をつき、毎週日曜日に開催される「北陵うまいもん市『雲原店』」で「水車米」として提供し、人気を博している。また近年、福知山出身のUターンで帰ってきた若者が、シェアハウス開業にむけて準備を進めている。

京丹後市大宮町常吉では、農協の経営合理化により店舗が閉鎖されたことで、地域の買い物の場がなくなるという課題に対し、Uターンで地元に帰ってきて隣町で商売を営んでいた大木満和氏をリーダーに、地元住民の出資で1997年「常吉村営百貨店」を開店した。その後、地域の買い物の場としてのみならず、地元住民の交流の場として、また都市農村交流の場として注目された。惜しまれながら2012年8月に閉店したものの、その後、地域内外の有志が集まり、「新しいつねよし百貨店を考える会」において議論を重ね、2012年11月、「常吉村営百貨店」の理念を受け継ぐ「つねよし百貨店」として再オープンさせている。

これらの取り組みは、地域づくりの機運の醸成や、Uターン・Iターン者の受け入れ促進等、地域住民に対して少なからず影響を及ぼしており、また、リーダーをはじめとする地域の担い手たちが各方面から注目されるに至っているが、その間にも高齢化は進展し、とくにリーマンショック以降の不況も手伝って、地域全体の活性化につなげることはなかなか困難であるのが実情である。

地域での取り組みやその担い手は、必ずしも「協働」を念頭に置いているわけではない。だが、その理念や行動が、地域やセクターを超えて多くの人びとに共感を与え、UターンやIターンでやってくる人を呼び込む、あるいは行政施策として採用され、実施されていくといったことをみても、今後、地域課題の解決にあたり、協働でその取り組みが推進されていくにあたっても必要とされる人材を、このような地域は輩出しているのである。

3 パートナーシップセンターの開設と中間支援団体の誕生

(1) 京都府中丹パートナーシップセンター

京都府では、府庁と4広域振興局それぞれに「パートナーシップセンター」

が設置され、NPO等市民活動と行政との連携・協働の推進を担っているが、その設立時期や形態は大きく異なっている。そのなかで京都府中丹パートナーシップセンター（以下、中丹パートナーシップセンター）の設立経緯と現在の事業を中心に紹介していく。

　中丹地域は、福知山市、舞鶴市および綾部市の３市で構成され、他の広域振興局と比べて、所管エリアが広く、公共交通機関など交通の便が悪いことが指摘されていた。また、NPO等地域活動団体への支援については、綾部市など一部の市で独自の取り組みを進めてきた経過があることから、各市のこれまでの取り組みを活かし、各市の協力も得ながら進めていくことが求められた。

　このような状況をふまえ、2009年に設立された中丹パートナーシップセンターでは、利用者の利便性等に鑑み、府民に身近なところに活動の拠点を設けることができるよう、各市の協力により、市から活動協力施設の提供を受け[4]、この３つの拠点および福知山、舞鶴、そして綾部の府総合庁舎を活用しながら事業を実施する取り組みを推進している。

　また、拠点施設の機能強化や、NPO等地域活動団体と地域・行政等をつなぐコーディネート機能の強化をはかるため、地域に出向き協働・連携、活動支援等を行う「協働コーディネーター」を、2011年度から配置している。さらに、中間支援センター委託団体を募集するに至り、2010年に設立したばかりのNPO法人京都丹波・丹後ネットワークにセンターとしての事業委託を行うこととなった。

　中丹パートナーシップセンターの主な事業として、ホームページやニュースレター『京都ちゅうたん元気づくり通信』（年４回発行）による情報発信、交流会「サロンdeちゅうたん」の開催、NPOの事務手続きや労務管理、組織マネジメント、資金調達、法制度等に関するセミナーの開催、ブログやソーシャルメディア、あるいは広報といった情報発信に関するセミナーの開催、そしてイベントの主催や共催であるが、セミナーやイベントについては、その多くを中間支援団体であるNPO法人京都丹波・丹後ネットワークに委託し、NPOスタッフの協働コーディネーターおよび京都府中丹広域振興局企画総務部総務室の職員とともに事業を実施している。

表10-1　NPO法人京都丹波・丹後ネットワークの団体概要

名称：　特定非営利活動法人京都丹波・丹後ネットワーク
設立：　2010年6月9日
団体の目的（定款に記載された目的）：　この法人は、ICTなどを利用して新たなネットワークを構築することにより、丹波・丹後地域に居住するすべての住民がそれぞれの能力に応じ、共に産業活動に従事するためのさまざまな活動を支援するとともに、NPO等に対するコンサルタント事業やIT教育等を通して地域活性化をはかり、"明日のまちづくり"と地域福祉に貢献することを目的とする。
特定非営利活動の種類：
　(1)　保健、医療または福祉の増進をはかる活動
　(2)　社会教育の推進をはかる活動
　(3)　まちづくりの推進をはかる活動
　(4)　情報化社会の発展をはかる活動
　(5)　経済活動の活性化をはかる活動
　(6)　職業能力の開発または雇用機会の拡充を支援する活動
　(7)　前各号に掲げる活動を行う団体の運営または活動に関する連絡、助言または援助の活動
特定非営利活動に係る事業：
　①　障害者・高齢者等支援事業
　②　ICT等を活用したネットワーク構築事業
　③　情報収集、発信事業
　④　地域活性化事業
　⑤　IT教育、社会教育事業
　⑥　中小企業、NPO等支援事業
　⑦　その他、この法人の目的を達成するための事業
役員数：　理事4名、監事1名
事務局体制：　常勤2名（うち1名は理事）
ニュースレター：　『京都たんタンだより』
ウェブサイト：　http://kyoto-tantan.net

　　出所：公益活動ポータルサイトきょうえん「京都丹波・丹後ネットワーク団体情報」（http://fields.canpan.info/organization/detail/1521454247）ならびにNPO法人京都丹波・丹後ネットワークウェブサイト（http://kyoto-tantan.net）より筆者作成。

(2)　中丹地域の中間支援団体

　中丹パートナーシップセンターの事業を請け負っているNPO法人京都丹波・丹後ネットワークの設立および中間支援団体となった経緯、ならびにその事業について紹介する。

NPO法人京都丹波・丹後ネットワークは、2010年に設立した中丹エリアの中間支援組織である。同団体の概要については表10-1のとおりである。

　府北部地域には、中丹地域（綾部市、福知山市、舞鶴市）に80団体、丹後地域（京丹後市、宮津市、伊根町、与謝野町）に36団体（2010年3月末現在）のNPO法人が存在するが、その多くはセクターを超えた連携、協働の事例はあまりみられず、かつ立地する市町内で単独で活動しており、横のつながりが薄いという課題があった。これは、人口が少なく分散していること、公共交通機関が発達していないこと、冬季の気候の厳しさといった移動における制約も理由として考えられるが、それぞれの市域が山によって隔てられており、地域ニーズや課題についても自分たちの地域や組織のみで完結して考えてしまう傾向があるという気質にあり、それゆえ協働や連携の機運が生まれにくかったことが考えられる。

　京都丹波・丹後ネットワーク副理事長の森田洋行氏は、かつて福知山市内で開催されていた大学や企業、行政などとの連携をはかる異業種交流会「炉端懇談会」に参加し、そこで府北部地域で活躍する人や団体と交流するなかで、ネットワークのハブ組織の必要性を感じ、「炉端懇談会」の設立者で、現理事長の眞下賢一氏らとNPO法人を設立したのが始まりである。

　設立当初は、「地域のお米食べ比べ交流会」といった地域資源の再発見や、ツイッター講座、フェイスブック講座等、地域や団体の情報発信のためのセミナーが中心であった。そのなかで、「それぞれの団体の活動状況把握のためのデータベース作成、活動団体等との連携、情報受発信のためのシステムづくりの必要性を強く感じた」と初年度の活動について総括している。

　翌2011年度、京都府が、北部活性化のための中間支援センター委託団体を募集しているという情報を得て、これまでの人脈やスキルを活かし、活動が動き出した。2011年度は、①ネットワーク構築・活動支援事業、②京都式公募型雇用創出・人づくり事業、③基金訓練（緊急人材育成支援事業に係る職業訓練）の3つの事業を軸に、人と人、団体と団体のネットワークを構築することにより、地域の活性化に資する事業を実施した。うち、①については、京都府の中間支援団体支援事業を受託し、情報発信講座、マネジメント講座・相談会、交流会、人材や団体情報のリスト作成、ICT利活用によるネットワーク化等を行っ

ている。事業のうち京都府中丹パートナーシップセンターとの共催事業や地域内の他のNPOとの共催事業、あるいは地域団体等とともに実行委員会を組織した事業も実施している。

　また、福知山市の中心市街地活性化事業や、福知山市が自治基本条例の制定を目標に実施している「福知山市市民協働推進会議」への参画、2011年3月に福知山市の成美大学内に北部オフィスを開設した一般財団法人地域公共人材開発機構が実施する諸事業へ参加する等、連携、協働を意識した事業を展開し始めている。同団体では「地域の枠を超えたネットワークづくり、企業や大学などを含めたネットワークづくりをめざしてきて、ようやく連携・協働の芽が芽生えてきたところ」[8]であると2011年度の事業を総括しているが、府北部地域の人や組織が少しずつつながりだしてきていることは事実である。

　中間支援組織としての丹波・丹後ネットワークには、先述の森田氏を含め2人の常勤スタッフがおり、単独主催事業、パートナーシップセンターとの共催事業、他団体との協働事業（実行委員会形式で構成メンバーに入るものも含む）、情報発信等を手がけているが、事業実施時以外でも実にこまめに地域に顔を出し、情報の収集、発信を行っていることをうかがい知ることができる。訪問する先々で、知り合いに声をかけ、意見交換をしながら、中間支援団体として「地域人材の発掘と地域の枠を超えたネットワークづくり」を担っているのだといえよう。

　また、NPO等の地域活動団体と、企業が一緒に取り組むための出会いの場を提供するマッチングイベント「企業とNPO 協働のフェスタ」の北部会場での開催を、一般社団法人CSRプラットフォーム京都と協働で主催し、府北部地域における情報収集力とネットワーク力を発揮したり、NPOや地域活動団体ばかりでなく、企業との関係も強化することにつながったが、「行政との協働体制の強化は絶対必要」[9]とあるように、行政、とくに府北部地域の基礎自治体との関係構築は今後の課題である。

　こうした課題をふまえて、2012年度になると、同年4月に設立した一般社団法人京都府北部地域・大学連携機構への事業参画や連携の動きもみられるが、本件については次章に譲る。

4　地域固有の課題としての農山村の課題解決にあたる人材

(1)　農山村地域の課題と「命の里」事業

　京都府では、中間支援団体や協働コーディネーターのほかにも、地域と地域、地域の多様な主体をつなぎ、課題解決にあたる存在として、農山村地域に「里の仕事人」、「里の仕掛人」を設置しており、農山村という地域や、農林業、農村振興というテーマに限定しているとはいえ、やはり、セクターを超えた協働推進に寄与しているといえる。

　府北部地域の地域課題を考えるうえで、農山林漁村の抱える課題抜きには語ることはできない。第1次産業の不振、雇用の減少にともなう就業機会の減少、過疎化・高齢化の進展、鳥獣害被害、森林の荒廃、医療や介護・福祉、教育環境等の確保、日用品店や生活交通の確保、そしていわゆる「限界集落」が出現する等、さまざまな課題を抱えている。

　京都府農村振興課は、こうした農山村の課題に対し、2008 (平成20) 年度に「里力再生アクションプラン」を策定し (2009 (平成21) 年度改正)、地域の抱える多様な課題を解決する総合的な施策を検討・策定し、翌2009年度から「共に育む『命の里』事業」(以下、「命の里」事業) を開始した。

　「命の里」事業は、食料・水・空気など府民生活を支える「命の里」の農山村地域が、過疎化・高齢化で存続の危機にあるため、地域の抱える多様な課題を解決する総合的な施策により地域の再生と持続的発展を支援することを目的としており、農山村の基盤整備を支援する「里の基礎づくり」事業と、地域組織の育成・活動支援、大学や府民との協働促進、新規就農の支援を行う「里の人づくり」事業から成っている。また、「里の人づくり事業」は地域連携組織の設立や活動支援等を行う「里力再生事業」、山村地域の課題に対し、企業や大学、NPO等の地域外協力者が一体となって設立する「ふるさと共援組織」を支援する「ふるさと共援活動支援事業」、そして行政職員や民間人材を地域連携組織に配置し、組織運営やコーディネート、地域ビジネスの創設支援、次期リーダー候補の発掘や多様な主体が連携する人材育成等を行う「人材支援事業」がある。

表10-2 「里の人づくり事業」の概要

1　趣　旨
　過疎化・高齢化集落を含む農村地域の複数集落による連携組織の設立や、地域の実情に応じた里力再生計画の策定、再生計画にもとづく協働活動の実施等をきめ細かく支援することにより、地域の絆を回復し、知恵を出し合い協働して課題解決に取り組む力である「里力」を再生し、過疎化・高齢化の進む農村地域の再生をはかる。

2　事業概要
　(1)　地域連携組織設立活動支援事業
　　地域の集落が連携して連携組織を設立し、地域の特性に応じた地域再生計画を作成するための検討会議や調査等に必要な経費を支援するとともに、地域活性化の推進役である地域リーダーや担い手を「里力再生推進員」として認定し、その活動経費を支援する。
○事業主体地域連携組織（過疎化・高齢化集落を含む複数集落の連携組織）
○事業期間7年間（設立支援は当初5か年、1組織につき3か年支援）
○実施組織数毎年10組織を支援、5か年で50組織を設立
○事業内容（事業費：1,500千円以内×20　組織補助率：1/2）
次のような地域連携組織等の運営・活動に要する経費を支援
・地域再生計画の策定や各種事業の調整、実施
・地域団体との連携活動などの地域連携組織の運営
・地域連携による創発事業の検討や地域資源の活用を進めるための調査・検討
・地域連携組織の中心となって地域をとりまとめ、再生計画の策定や事業の実施等の調整を行う里力再生推進員の設置・活動
・地域自らの取組意欲を高め、既存事業の有効活用や創意工夫による新事業の創発等を促すため、地域課題に取り組む創発事業の試行、小規模事業の自力施行
（対象経費）
　会議等開催費、事務員日当、先進地調査費、専門家招聘費、印刷製本費、通信運搬費、里力再生推進員の日当・交通費（燃料費等）、原材料費、広告費他
　(2)　ふるさと共援活動支援事業
　　過疎化・高齢化の進んだ農村集落と、大学等の地域外の協力者で構成する「ふるさと共援組織」の活動の取り組みを支援
H20～H22で設立支援。H23～は継続分のみ　※補助率：府：1/2、市町村1/2
　(3)　人材支援事業（京都府）
　①　「里の仕事人」の配置・活動
　　地域連携組織等の運営や事務処理等を支援する「里の仕事人」（府職員）の配置・活動
　②　「里の仕掛人」の配置・活動
　　地域のマネージメントや外部企業等とのネットワークの形成、生活サポート・地域おこしや社会的起業を行う民間人材「里の仕掛人」の配置・活動

③　地域人材の育成
　　地域連携組織の自立的取組のため、次期リーダー候補の発掘や企業やNPO・行政等多様な主体が連携して行う人材育成の実施
④　里力再生推進事業
　　府、市町村、外部専門家等で構成する支援グループが行う地域連携組織への連携・調整活動

出所：京都府ホームページ「里の人づくり事業の概要」(http://www.pref.kyoto.jp/inochinosato/documents/1306282103820.pdf) をもとに筆者作成。

「里の人づくり事業」の概要は表10-2のとおりである。

(2) 「里の仕事人」と「里の仕掛人」

　本項では、協働の観点から、とくに農山村における「人づくり」に焦点をあて、前項で述べた「里の人づくり事業」のなかの「里の仕事人」および「里の仕掛人」について紹介していく。

　「里の仕事人」とは、「命の里」事業実施地区の地域住民組織と協働で、地域課題の解決にあたる行政職員のことである。その主な取り組みは、①地域課題を直接的に把握（ワンストップ）、②課題を総合的に検討し、解決案を提示（広域振興局に縦割りの弊害を排除した組織横断チームを設置）、③地域と共に解決策を考え実施、の3つである。2012年4月現在、南丹広域振興局に2名、中丹広域振興局に2名、丹後広域振興局に3名、丹後農業改良普及センターに2名、京都乙訓農業改良普及センター、山城北農業改良普及センター、南丹農業改良普及センター、中丹東農業改良普及センター、中丹西農業改良普及センターそれぞれに1名ずつの計14名が在籍し、図10-1の中にある「命の里」事業実施地区の複数箇所を担当している。

　「里の仕事人」が京都府職員なのに対し、「里の仕掛人」は、民間の人材を地域に派遣し、農山村地域の課題解決や地域再生の取り組み支援にあたる人材のことで、都市部から農山村地域に移住して、社会的起業による地域雇用や所得の創出を行う「社会起業タイプ」と、集落点検の実施や話し合いの促進、地域連携組織が実施する事業の運営等を支援しながら、地域課題解決に必要な活動を実施し、住民とともに地域づくりに取り組む「マネージャータイプ」の2種

図10-1 「共に育む『命の里』事業」の実施地区

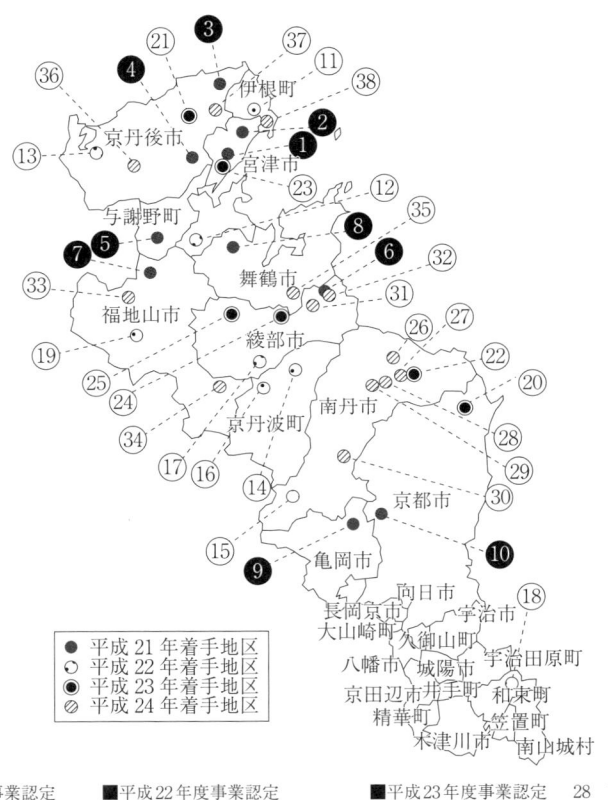

凡例：
- ● 平成21年着手地区
- ◐ 平成22年着手地区
- ● 平成23年着手地区
- ◐ 平成24年着手地区

■平成21年度事業認定
1　宮津市世屋
2　宮津市日ヶ谷
3　京丹後市丹後町宇川
4　京丹後市大宮町五十河
5　与謝野町滝・金屋
6　綾部市水源の里
7　福知山市雲原・金山
8　舞鶴市岡田中
9　亀岡市旭
10　京都市右京区宕陰

■平成22年度事業認定
11　伊根町本庄・筒川
12　宮津市上宮津
13　京丹後市久美浜町神野
14　京丹波町和知地区和知北部
15　南丹市園部町竹井・仁江
16　京丹波町和知地区広野・大簾
17　綾部市山家
18　和束町湯船
19　福知山市下豊富

■平成23年度事業認定
20　京都市北部地区
21　京丹後市野間
22　南丹市美山町知井
23　宮津市日置
24　綾部市於与岐
25　綾部市志賀郷

■平成24年度事業認定
26　南丹市美山町鶴ヶ岡
27　南丹市美山町平屋
28　南丹市美山町宮島
29　南丹市美山町大野
30　南丹市日吉町世木
31　綾部市中上林
32　綾部市奥上林
33　福知山市畑
33　福知山市畑
34　福知山市川合
35　舞鶴市白滝・岸谷
36　京丹後市佐濃
37　京丹後市大宮南
38　伊根町朝妻

出所：京都府ホームページ「共に育む『命の里』」(http://www.pref.kyoto.jp/inochinosato/index.html)。

類が存在する。2012（平成24）年度は、「社会起業タイプ」が宮津市世屋地区、舞鶴市岡田中地区、与謝野町滝・金屋地区、京丹後市五十河地区に、また「マネージャータイプ」が与謝野町滝・金屋地区ならびに京丹後市野間地区に計6名が登録され、農山村地域において活動している。

「命の里」事業実施地区は図10-1のとおりであり、それぞれの地区に「里の仕事人」が複数地域を担当し、また「里の仕掛人」が入っている地域もある。

2011年度は、一般財団法人地域公共人材開発機構が企画運営を請け負い「地域コトおこし実践者講座」を実施した。ヒアリングやグループワークを重ねるなかで、それぞれの地域で抱える課題を整理し、地域横断でテーマごとに課題解決や起業のためのアイディア出しを行った。

5 「新しい動き」をいかに育て、根づかせるか

これまでみてきたように、府北部地域においても、さまざまな地域課題の解決や、地域の魅力の発見や発信といった視点から、連携や協働の機運がみえてきたことは、4年間この地域の現場をみてきたなかで言えることである。実際、それぞれの地域においては、NPO法人だけでなく、地域団体や企業等においても、ユニークな活動や個性を放つ団体や人材が多いことに驚かされる。NPO法人遊プロジェクト京都が企画・監修した『KYOTO100 まちなび』にも中丹地域、丹後地域それぞれ15団体の取材記事が所収されており、いずれも実績を残している団体である。

こうした「新しい動き」が起こってきた背景として、また、行政施策として数々の取り組みが行われるようになったのは、地域経済の衰退、あるいは地域コミュニティの担い手の減少により、本来地域や業界のコーディネート機能を担ってきた、既存の農業団体や商工業団体、あるいは地縁組織だけではカバーしきれない部分が出てきていることがある。なぜならば、今日の地域課題は、単一の業界やセクター、あるいは地域だけでは解決することのできないことが多いからである。

だがこれまでは、「名前は聞いたことがある」が実際に連携や協働に発展するケースは、個人的にその団体のメンバーを知っているといった場合はさてお

き、戦略的に連携や協働を行う事例は少なかった。そこに、中間支援団体や協働コーディネーターが介在することによって、それらが情報の媒介役になったり、イベントやセミナーといった場を設定することによって、そこで出会った人たちが手を結び、コラボレートしていくという事例が増えてきた。また、「京都府地域力再生プロジェクト」が活動支援金の交付を行ったり、「コラボ博覧会」というかたちで、京都市内など南部の都市部にむけた北部の動きを紹介したり、それが、北部地域でどのような地域や団体が元気なのか、あるいはその取り組みがおもしろいのか、といったことを可視化することにつながっている。現在は、パートナーシップセンターや中間支援団体が機能しだしたものの、その活動は緒についてきたばかりということもあり、他の団体やセクターとの積極的な連携や協働に取り組む、あるいは取り組もうとするのは、これまで述べてきたような「元気な個人や団体」による動きが中心である。また、協働を推進する人材の層も決して厚いとはいえず、現在活躍している人たちの後に続く人材の発掘や育成への取り組みもこれからである。「代わる人」がいないので、「どこに行っても同じ人ばかり」という状況を変えていかなければならない。地域課題の解決にむけ、セクターを超えた連携や協働の動きや、協働を推進する人材育成をいかに地域レベルに広げていくかが今後の課題といえよう。

　地域やセクターを超えた連携や協働を促進し、「協働型社会」を実現するために、次章では、府北部地域におけるプラットフォームづくりならびに大学との連携についての観点から述べることとしよう。

1) 山田啓二「『地域力』を紡ぎ出す」『地域開発』第577号（2012年）、3頁。
2) 「大庄屋上野家」は、江戸時代から代々大庄屋を務めた上野家の現在の当主上野彌氏から舞鶴市が寄贈を受け、2005年に加佐地域交流拠点施設として整備され、「大庄屋上野家」として開設した。「大庄屋上野家」は「加佐地域大庄屋上野家条例」にもとづき、指定管理者であるNPO法人KYOふるさと加佐にその管理を委託している。
3) 管轄するエリアは次のとおりである。府庁＝京都市、向日市、長岡京市、大山崎町。山城＝宇治市、城陽市、八幡市、京田辺市、木津川市、久御山町、井手町、宇治田原町、笠置町、和束町、精華町、南山城村。南丹＝亀岡市、南丹市、京丹波町。中丹＝舞鶴市、綾部市、福知山市。丹後＝京丹後市、宮津市、与謝野町、伊根町。
4) 丹波福知山まちかどラボ（福知山市）、舞鶴市西市民プラザ（舞鶴市）、綾部市市民ホー

ル（綾部市）の 3 か所。
5）　特定非営利活動法人遊プロジェクト京都『KYOTO100 まちなび』宮帯出版社、2012 年、59 頁。
6）　公益活動ポータルサイトきょうえん内、京都丹波・丹後ネットワーク「2011 年度事業計画書」（http://fields.canpan.info/data/organizations/152/152145/1521454247/files/5L6gxH_9.pdf）。
7）　京都丹波・丹後ネットワーク「2011 年度事業報告書」（http://www.kyoto-tantan.net/pdf/2011/2011j.pdf）。
8）　京都丹波・丹後ネットワーク、前掲。
9）　公益活動ポータルサイトきょうえん内、京都丹波・丹後ネットワーク「2012 年度事業計画書」（http://fields.canpan.info/data/organizations/152/152145/1521454247/files/KXmAOCzX.pdf）。
10）　京都府「命の里」事業ウェブサイト（http://www.pref.kyoto.jp/inochinosato/documents/1306286186613.pdf）。

〔滋野浩毅＝成美大学経営情報学部准教授〕

第11章　京都府北部地域の事例：協働の環境整備について

1　大学の機能や役割を核にした地域連携

　第10章では、府北部地域、なかでも中丹地域におけるNPO・市民活動、協働の事情について述べてきた。そこでみえたのは、地域課題に取り組む人や団体は以前から存在するものの、地域やセクターを超えた連携や協働の動きは、パートナーシップセンターの開設、中間支援組織の誕生、近年の行政施策等が追い風となって、ようやく動き出してきたということであった。これから必要なのは、産官学民のセクターを超えて、地域課題の解決に取り組む人材の層を厚くすることである。

　地域における人材育成の拠点、知の拠点としての大学の存在は小さくないが、中丹、丹後エリア、すなわち府北部には、4年制大学1校、大学校2校しか存在せず、地域における知の拠点、人材の供給等、地域連携における環境は南部と比して劣っているのが現状である。

　一方、先にも述べたように、人口減少、少子高齢化、地域経済の停滞等、地域力再生がどこにも増して必要であるにもかかわらず、その環境において不利な立場にある。

　京都府内には50近くの大学・短大が存在するが、その多くが京都市を中心とする中南部に集中し、府北部地域には、大学をはじめとする高等教育機関の立地が少ない。そして近年は、大学のもつ研究、教育機能に加え、地域貢献・社会貢献機能にも期待が集まっている。この、大学に期待される新たな機能に着目するのであれば、府北部地域は不利であるし、一大学だけにその機能を任せられるわけでもない。

　さまざまな地域課題が存在するのにもかかわらず、府北部地域には大学の集積がないという状況下において、新たな地域と大学を中心とする、多様な主体による連携事業を推進するためのプラットフォームとして立ち上がったのが「一般社団法人京都府北部地域・大学連携機構」である。本章では、京都府北

部地域・大学連携機構設立に先立った、府北部地域における動きを中心に、それらがもたらしつつある地域の人材育成や輩出の事例を紹介し、府北部地域における協働を推進するための環境整備がもたらす地域再生の可能性について論じていく。

2 府北部地域における協働推進にむけた環境づくり

(1) 地域公共人材開発機構北部オフィスの開設

「新しい公共」という言葉が頻繁に使われるようになったが、公共サービスを政府セクターだけで担う時代は過ぎ去った。政府・市民・企業の各セクターが、それぞれ公共的役割を認識し、お互いが補い合いながら公共的活動を支える協働型社会が求められている。だが、産官学民の各セクターの壁を乗り越えてそのような役割を担い、公共的活動を主導する人材の育成と活用については、体系的なしくみの整備が十分ではない。

これからの地域社会で必要となってくる人材像は、この「新しい公共」の担い手として、産官学民の各セクターの壁を乗り越え、新しい公共的活動を主導する人材である。京都におけるこの人材育成に関しては、龍谷大学地域人材・公共政策開発リサーチセンター（以下、LORC）に設置された研究グループの研究成果として、2009年1月に産官学民で構成されたコンソーシアム「一般財団法人地域公共人材開発機構」が設立された。

地域公共人材開発機構は、産官学民それぞれのセクターの活動に共通する公共的要素に対応可能な人材の育成のための教育・研修システムを構築し、その修了者に対して「地域公共政策士」の付与およびその資格制度の普及を実施しており、2009年度より京都府と協働で「『京の公共人材』未来を担う人づくり推進事業」を実施し、4年度間で66人を雇用し（雇用期間は1年間）、連携する大学・大学院等による教育プログラムの履修とあわせ、NPOや企業、地方自治体等における実践研修プログラム等を受講することによって、「地域公共人材」を育成するプログラム開発を行うとともに、地域社会において「新しい公共」を担いうる人材を、地域における各セクターに供給することにつながっている。

表11-1　地域公共人材開発機構「『京の公共人材』未来を担う人づくり推進事業」雇用者数

（　）内はうち北部雇用者数

年　度	2009年度	2010年度	2011年度	2012年度	合　計
雇用人数	5名	22名	23名（5名）	16名（5名）	66名（10名）

出所：京都府「京の力、明日の力——多様な主体の協働・連携による地域力再生支援プラン（最終決定版）」より筆者作成。

　地域公共人材開発機構では、「地域公共人材」を「異なるセクター間の文化的・機能的な壁を超えて、協働型社会における地域の公共的活動や政策形成を主導したり、コーディネートできる人材」と定義している。このような人材は、あらゆる地域に求められているが、大学の集積がない府北部地域において、さまざまな研修や学習を受けるために、長期的に京都市内等の大学に通うことは、時間的・金銭的負担をともなう。

　また京都府においても、大学の少ない府北部地域においても、府内の多くの大学を巻き込んで、山積する地域課題を解決すべく、「京都府北部地域・大学連携機構」の設立準備を進めていた。

　こうした背景があり、2011年度より地域公共人材開発機構は、福知山市の成美大学内に「北部オフィス」を開設し、2011年度に5名、2012年度に5名を「『京の公共人材』未来を担う人づくり推進事業」で職員として雇用した（表11-1）。なお、「『京の公共人材』未来を担う人づくり推進事業」で雇用された北部オフィス勤務者の居住地は、これまでの実績では、府北部地域および、京丹波町である。

(2)　福知山市市民協働会議

　福知山市では、2012年度より始まった「第4次福知山市総合計画後期計画」の策定および推進にむけた取り組みを実施してきたが、それにむけた研修プログラムの企画運営を地域公共人材開発機構に2009年度から委託している。その策定過程の特徴は、次のようなものであり、市民参加、市民協働の機会を担保しながら、市民自らも「新しい公共」の担い手として育っていくような設計になっている。

- 地域公共人材開発機構による策定過程の企画運営と、段階的な市民や行政職員の自主的な運営への移行
- 「自治基本条例」の制定を念頭に置いている
- 策定段階から一定レベルの市民参加、市民協働が担保されている

　初年度の2009年度は、「市民協働まちづくり研修会」を開催した。ここでの目的は次のようなものであった。

- 福知山市における"協働"について、また、福知山市の現状から出発する"現代的協働"についての認識を深め共有する
- 研修の過程において実施するフィールドワークやワークショップにおいて、開かれたコミュニケーションの場を通じて、市民と行政が共にまちの現状を学び課題を共有することによって、協働の基礎である「市民と行政が互いにまちづくりのパートナーとして認めあう環境」の醸成をはかる
- 市民どうしまた地域とNPO等との組織主体が相互の活動を認知し、機能分担・交流・連携・補完といった地域類型間のつながりを双方向的に意識する機会とする

　2009年9月〜2010年1月までの計6回、公募市民30名、市職員12名の計42名がメンバーとして参加し、市民協働に関するセミナーや、自分たちの住む地域の再発見を促すことを目的としたフィールドワーク、そして、そこで得られた発見を共有したり、課題を出しあったりするワークショップを実施した。
　翌年の2010年度は、「市民協働まちづくり検討会」と称し、目的を次のようなものとした。

- 活気に満ちたまちづくりを実現し、持続可能な地域社会を構築するために、市民・地域・事業者・NPO・行政等のそれぞれの主体が果たす役割や責任について検討する
- 具体的な「市民協働」のあり方やしくみづくり、また進め方等について、

自治基本条例制定の方向性も含めて多面的に検討する
- 市民協働を軸としたまちづくりを担う「公共人材」育成のための方策等について検討する
- 検討会での議論を通じて、市民と行政が共にまちの現状を学び課題認識を共有することによって、協働の基礎である「市民と行政が互いをまちづくりのパートナーとして認めあう環境」の醸成をはかる

　2010年9月〜2011年2月までの計6回、公募市民25名、市職員17名の計42名がメンバーとして参加し、前年度の「研修会」よりもより具体的な議論や活動が展開され、メンバーのなかから数名がワーキンググループとして、定例の会議とは別に議論を重ね、協働にむけた「提言書」を作成し、福知山市長に提出した。また、メンバーが中心となって「市民協働まちづくりシンポジウム」を開催し、検討会での成果を報告した。
　このように、前年度の「研修会」よりも「市民が自発的に動く」ことが垣間見られるという成果につながり、この地域における「協働」の萌芽を感じさせるものであった。
　3年目となる2011年度からは「市民協働推進会議」を開催している。「推進会議」は、これまでの2年度間が外部のファシリテーターが討論やワークショップの司会や調整役を行っていたのに対し、メンバーが中心となって議論を推進している。それに先立ち「ファシリテーター研修」を開催し、市民のなかからファシリテーターを選出し、討論やワークショップの司会や調整役を担っている。メンバーは市民公募ならびに地域住民組織から成る「市民協働推進会議委員」20名（うち3名は2009年度の研修会、2010年度の検討会メンバー）、市民のなかから研修を受けたファシリテーター4名、市職員8名から構成されている。なお、過去2年度間の「研修会」、「検討会」と異なるのは、2013年3月までの2年度間の事業である。
　「推進会議」は、市政への参画や、協働型社会を実現するための具体の方策として、「自治基本条例の骨格」や「新たな地域運営のあり方」等について検討を深めるために設置され、次のような特色がある。

- 推進会議開始に先立っての「ファシリテーター研修」の実施
- 各テーマ代表者、平成21年度市民協働まちづくり研修会、平成22年度市民協働まちづくり検討会参加メンバー、市民公募から成る
- 市民自らが推進会議を動かす（とくに「ファシリテーター研修」を受講したメンバーを中心に）

　討論での検討課題は自治基本条例の骨格や、新たな地域住民・地域・NPO・事業者・行政のあり方、市民協働を推進するために必要なことなどであり、また、市内の各地域で委員メンバーと地域住民との市民意見交換会の開催や、自治基本条例が制定されている自治体の視察等を通じて、少しずつではあるが、「身近な課題、自分たちで解決できる課題は自分たちで取り組む」、「自分たちだけでできないことは他の主体と協働する」という補完性の原理にもとづく「協働マインド」をもった人材が市民にも、また行政職員にも生まれてきている。

(3) 「iSB公共未来塾」の府北部地域での実施

　「iSB公共未来塾」とは、正式名称は「社会起業家支援事業」と称し、内閣府「地域社会雇用創造事業」の一環として社会起業家の育成を支援することを目的とした起業塾である。京都会場での開催はLORCが受託し、2010年度、2011年度の2か年、事業実施した。

　事業は、起業の心得から会計やマーケティングといったスキルに関する講義、地域における社会起業の事例を学ぶ実地研修、そしてビジネスプラン計画書の作成に至る「研修」と、作成したビジネスプランをプレゼンテーションし、それを審査する「ビジネスプランコンペ」から成っている。なお、ビジネスプランコンペで採択されると、起業コンサルタントを受けられ、50〜500万円の起業支援金を得ることができ、それを元手に法人を立ち上げたり、起業に必要な経費に充てたりするために使うことができる。

　2010年度は研修プログラム受講20名、ビジネスプランコンペ（2次審査）に採択されたのが6名であった。2011年度は84名が受講し、11名が採択された。

　2011年度の京都会場は、京都市内で実施された「京都コース」（平日コースと

土日コースあり）のほか、福知山市の成美大学を主会場に実施された「福知山コース」が設けられ福知山コースでは24名が受講し、19名が修了、5名がビジネスプランコンペに採択された。

　ここで際立ったのは、京都コースの受講生のビジネスプランと、福知山コースの受講生のそれとのカラーの違いである。福知山コースは、府北部地域および京丹波町からの受講生から成っていたが、彼らのビジネスプランの特徴は、里山再生とグリーンツーリズム、空家となっている古民家を活用した宿泊施設の開設、空洞化した商店街の再生、府北部地域における市民後見人の育成や普及といったものである。すなわち、地域で起業したい、すなわち「コトを起こそう」とする人たちは、地域課題が都市部に比べ「よりリアルで身近なものとして、肌身に感じている」のだと考える。その地域課題に対して、自分は何ができるか、どのようにして経営資源を調達していくのかといったことを、そしてそれは、多様な主体を巻き込んでこそ成し遂げられるということを、実践を通じて学んだ。

　また、2011年度に実施した北部会場での研修プログラムのノウハウが2012年度、舞鶴市が2011年度より独自で行っていた、地域における起業促進と支援を目的とした「舞鶴市リーディング産業チャレンジファンド」プロジェクトに導入され、「舞鶴・新産業起業塾」として地域公共人材開発機構が企画運営を受託し、開催された。ここで出てきたビジネスプランは、地域産品のブランド化、地方都市におけるインバウンド観光の誘致をはじめ、多岐にわたるが、地域における新たな経済主体、それも地域の課題をビジネス的手法で解決する社会起業家のインキュベーションに寄与しつつある。

(4)　「北部連携機構」設立にむけた「パイロットプロジェクト」

　北部連携機構設立の1年前、2011年度より2012年度まで、「パイロット事業」として、4つのプロジェクトを実施している。このパイロット事業について、北部連携機構代表理事の富野暉一郎氏は、「地域と大学とが結びつけば、どんなことができるのか具体的なイメージを持ってもらうためのものである」と述べている。[2]

2011年度より、次の4つの地域大学連携パイロット事業を実施している。

　①　広域型：地域コトおこし実践者講座　　2011年、前章で述べた、京都府農村振興課の「命の里」事業の委託事業として、地域公共人材開発機構が実施した。農山村地域、限界集落における地域リーダー等、地域活性化に資する人材育成を目的としており、講演会、実践プロジェクト、スキルアップ講座等をこれまで実施してきた。この年は、空家・定住対策、大江山ルート開発、直売所の運営と加工品の販路拡大、地域の仕事おこし、観光客ルート誘致、修学旅行の受け入れと地域経済の6つのグループが立ち上がり、地域や立場を超えたメンバーが顔を突き合わせ、議論を重ね、必要とされるスキルを身につけることによって、実際に地域おこしにむけ事業化につなげたグループもある。

　その代表的なものが、「丹波みわ・コトおこし協議会」である。「地域コトおこし実践者講座」には、福知山市三和町から3名が参加していた。それぞれ「"超一流の田舎"としての三和町を維持したい」、「遊休地を活用して野菜を都会に売る会社をつくりたい」、「後継者づくり」とそれぞれ異なった課題意識や理念をもっていたが、「三和で何かをやっていこう」という思いで意気投合し、活動をしていくなかで軽トラックの荷台に農産物や農産加工品等を積んで販売する「軽トラ市」を企画した。「食を通じて丹波・丹後の地域を紡ぐ」というコンセプトを打ち立て、2012年3月18日に実施したところ、トラック52台にも上る出店者、地元高校生らによるステージイベント等が繰り広げられ、当初目標の3000人を大きく上回る約4000人という多くの来場者を集め、各方面から注目された。

　「丹波みわ・コトおこし協議会」では、第1回「軽トラ市」の成功をふまえ、第2回「軽トラ市」の開催を決定した。第2回のテーマを「協働」とし、第1回時に紡いだ人、物、地域が連帯して、一緒に取り組めるものに、そしてより多くの出店者と来場者の参加をめざしており、それにむけて、地域の若い人や女性の参加も増えているという。

　②　連携型-1：中丹地域広域消費者動向調査　　京都府中丹地域（綾部市、福知山市、舞鶴市）を対象とする横断的な消費者動向調査による分析を通して、これまでの商業振興策の限界を超える新たな商業振興政策案を構想することを目

的としている。

　地域の商業の状況や消費動向について知る手がかりとしては、商業統計、事業者統計、景気統計等がある。これらの限界は、事業所側の状況しか知ることができない。また消費の動向を知る手がかりとしては家計調査があるが、こちらでは、単独の市区町村レベルの集計にとどまり、ある程度の広がりをもった地域における消費動向を知ることはむずかしい。

　また、地方都市における中心市街地の衰退、空洞化は著しく、その打開策がなかなか打ち出せないばかりか、そもそも地域住民の消費行動、消費動向がどのようなものであるかという統計調査は自治体も経済団体も実施しておらず、商業者の「勘」に頼ってきたのが実情である。

　このような現状と課題があるなか、舞鶴市では、人口減少、少子高齢化が進むなか、地域の消費者動向の実態を把握する必要があると考え、地域公共人材開発機構に相談をもちかけたのが、この調査の始まりである。

　その後、舞鶴市を含む中丹地域の3市、経済団体に働きかけを行い「中丹広域商業圏政策協議会」を立ち上げ、そこに京都市内の大学が入るかたちで実施主体ができあがった。そのなかで、調査方法、調査項目等について議論を重ね、アンケートによる調査だけでなく、学生が地域の家庭に戸別訪問し、ヒアリングを行うという調査も実施した。2012年末までに調査を終え、集計・分析を行った後、どのような結果が得られるのか、その発表が待たれるところである。

　この調査では、具体的な地域の消費行動、消費動向についての知見が得られるという点ばかりでなく、実際に学生が地域に入ることによって、これまでの先入観とは異なる事情を把握したり、地域の人と若い人とのコミュニケーションが生まれたということがあった。

　③　連携型-2：電動アシスト付き自転車を利用したエコ観光システム開発　太陽光発電、風力発電、小水力発電といった再生可能エネルギーを利用し、電動アシスト付き自転車のバッテリー充電に供し、自転車観光を通して新たな地域の観光資源や観光スタイルを発見してもらうという、新たなエコ観光システムの開発と、そのためのフィジビリティチェックを目的とした事業である。

　府北部地域における第3セクターの鉄道会社である北近畿タンゴ鉄道（以下、

KTR）沿線は、日本三景のひとつである天橋立をはじめとして、丹後天橋立大江山国定公園、山陰海岸ジオパークのエリアの多くが含まれ、温泉や豊かな食材等、多くの観光資源に恵まれている。だが、人口減少や少子化、モータリゼーションの進展により、利用者が減少したことによって、KTRの経営状況は厳しく、その利用促進は大きな課題となっている。

　2011年度、京都府、宮津市、京丹後市、舞鶴市、各市観光協会、一方井誠治・京都大学地域生存学総合実践研究ユニット特任教授、成美大学、NPO法人京都丹波・丹後ネットワーク、地域公共人材開発機構で「ICTを活用した市民参加型のエコ観光プロジェクト実行委員会」（以下、エコ観光プロジェクト）を組織し、まず府北部地域の市町の関係者に対するヒアリング調査を行った。そこで明らかになったのは、府北部地域への観光客は、主として京阪神地域からの訪問が多くを占めており、また、近隣に城崎温泉という有名観光地を控えていることもあり、日帰り、もしくは「ついでに立ち寄る」観光地であるという傾向がみられたことである。

　一方、事業者に対するアプローチも実施している。先述のKTRのほか、京丹後市大宮町で「セントラーレホテル京丹後」を経営する株式会社シマダグループである。

　それは、2011年9月、福知山の成美大学の学生メンバーが、東日本大震災で被災し、結婚式を挙げることのできなかったカップル3組に対し、府北部地域に招待し、「セントラーレホテル京丹後」で結婚式を挙げてもらうという企画「風のチャペルプロジェクト」を実施したのが縁であった。地元大学との信頼関係が生まれていたシマダグループは、エコ観光プロジェクトへの参加を決め、2012年度に実施した実証実験では、ホテルに自転車観光の拠点を設け、またそのための発電施設の設置を行ったのである。

　また、位置情報システムや、旅行者が発見した観光資源をネット上に表示するといった情報システムの検討については、ICTの活用とネットワーク構築をミッションとする京都丹波・丹後ネットワークが担当した。

　このようにエコ観光プロジェクトに参画しているメンバーがもつ資源や能力、そして貢献意欲が組み合わさるかたちで観光モデルルートを設定し、モデ

ルート上で再生可能エネルギー利用の可能性を検討し、地域の状況に合う情報システムの検討を行った。それらをもとに、2012年秋には龍谷大学、成美大学の学生たちによるモデルルート現地調査と観光客等にむけた電動アシスト付き自転車を用いたエコ観光のモニター調査を実施している。

　ここでみられたのは、エコ観光プロジェクトでの議論や事業において、構成団体やメンバーのもつ資源や能力、得意分野が可視化され、それによる協働で事業が推進されたことである。

　④　地域特定型：宮津市バリアフリー観光の試行　　宮津市において、福祉観光を新たな高付加価値型の観光として確立する可能性を検証することが目的である。

　宮津市には日本三景の天橋立という有名観光地が存在するが、エコ観光のところでも述べたとおり、ゆっくり滞在できるような観光や、高齢者・障害者も含め誰でも快適に旅行を楽しめる環境においては、ソフト、ハード双方で多くの課題が存在する。

　そこで、この事業では、宮津市、宮津商工会議所、京都府、ホテル事業者、旅行事業者、地域公共人材開発機構、龍谷大学による「バリアフリー観光推進協議会」を組織し、バリアフリー観光人材の育成研修、バリアフリー観光の経済効果の分析と評価、宮津市のバリアフリーマップの制作を実施した。

　この現地調査において、学生の果たす役割が大きかったことが特徴としてあげられる。この調査に携わった学生のひとりは、「宮津には観光地が多く、人も多いが宿泊客が少ない」、「高齢者や障害者が"旅行"を楽しむためのバリアフリー"観光"マップがない」、「表示では"バリアフリー対応"だが、実際に現地で調査をしてみると使い勝手が良いとは言えない」といったことを、現地で肌で感じることがあるという。学生一人ひとり、現場で最初に感じる課題認識は違っても、「何とかしなければ」とか「何とかできる」という意識を現場でもつということは共通してもっている。この調査自体には単位とは直接関係ないが、自分がやりたいから参加するのであり、そこで自分たちが何かを学び、成長していることを感じていると述べている。[3)]

　年齢や立場の違う人との交流を通じて、現場でしか得られない知を体得しな

がら、地域の課題解決に寄与できる可能性があることを示す事例であるといえる。

　これら4つのパイロット事業の事例を通してみえることは、地域の状況に関するさまざまな立場、角度からの観察と分析による新しい知見が得られたことと、学生の学びの場がセクターを超えた協働によって形成されること、そして人材、産業、自然、文化といった地域資源が、協働の場で結合することによってイノベーションが起こる可能性があることである。

3　京都府北部地域・大学連携機構の事業

　一般社団法人京都府北部地域・大学連携機構（以下、北部連携機構）は2012年4月、京都府内の8大学、京都府ならびに府北部地域の2市5町、府内のNPO法人4団体、そして北部連携機構設立にあたり事務局を担ってきた一般財団法人地域公共人材開発機構が社員として参画している。

　北部連携機構の組織概要は表11-2のとおりである。

　北部連携機構は、前節のパイロット事業の取り組みでみてきたとおり、事業の実施主体は協議会や実行委員会といった組織を立ち上げている。すなわち、北部連携機構が事業を直接行うわけではない。またシンクタンクや研究機関のように、調査や政策提言を行うだけの組織でもない。地域の課題やニーズを掘り起こし、汲み上げ、それに対して自治体、事業者、NPOや地域活動団体、大学・研究機関等、そして地域公共人材開発機構が参加し、そこに参加する地域の多様な主体が、連携、協働しながら地域の課題解決や活性化に資するプロジェクトを立ち上げていく「プロジェクトプラットフォーム」である。

　プロジェクトに取り組んでいくにあたり、大学立地の集積がなく、かつ地域と大学との連携の仕方についても「慣れていない」府北部地域における地域ニーズと、府内、とくに京都市内の大学におけるフィールドワークや地域調査のニーズをマッチングさせ、地域に対しては、大学のもつ知や人材を、また大学に対しては、調査地の紹介といった情報提供をしていく必要がある。北部連携機構はこうした地域と大学両者のコーディネートを行っている。

　2012年度は、地域、大学、NPO等から連携プロジェクトの提案があり、う

表11-2　北部連携機構の組織概要

名称：　一般社団法人京都府北部地域・大学連携機構
主たる事務所：　京都府福知山市字堀3370　学校法人成美学園成美大学内
法人設立年月日：　平成24年4月17日
目的：
　第3条　当法人は、大学の集積がない京都府北部地域において、京都における戦略的大学連携が推進してきた「地域公共人材」育成システム構築の成果をふまえて、大学と地域社会の各主体が重層的かつ恒常的な連携のプラットフォームを確立することにより、京都府北部における多様な課題に対応する地域公共人材の育成、都市農村交流やセクター横断型の人材の活用などを推進するための産官学民連携体制の構築、それらを通じた地域課題の解決および地域社会の活性化を実現することを目的とする。
事業：
　第4条　当法人は前条の目的に資するため、次の事業を行う。
　(1)　京都府北部における公共的・地域的課題にかかわる幅広い人材の体系的育成
　(2)　京都府北部地域と大学とのコーディネート
　(3)　京都府北部における「人おこし」と「ことおこし」のためのプロデュース
　(4)　前各号に掲げる事業に附帯又は関連する事業
設立時役員：

役員種別	氏　名	所属等
代表理事	富野暉一郎	龍谷大学政策学部教授 一般財団法人地域公共人材開発機構専務理事兼事務局長
理　事	戸祭　達郎	成美大学学長
理　事	眞下　賢一	NPO法人京都丹波・丹後ネットワーク理事長
理　事	畑村　博行	京都府政策企画部企画監
監　事	山中　昭彦	福知山市市長公室次長

ち6プロジェクトが実施可能として選定され、また4プロジェクトが実施検討とされたが、プロジェクト事業の実施を通して、協働推進と人材の育成や輩出が期待される。

4　"地域ぐるみ"での協働推進と人材育成にむけて

これまで、府北部地域における地域公共人材開発機構北部オフィスの開設や、北部連携機構の設立といった動きにともなって加速しつつある、府北部地域における地域力再生と協働推進の事例をみてきた。

第10章で、協働を推進する人材の発掘や育成について述べてきたが、これまでもこのような人材が地域で長年「徒手空拳」で取り組んできたものの、「理解者や輪が広がらない」とか「後に続く人がいない」といったことが理由で、せっかくの芽が育たないばかりか、場合によってはその芽が摘み取られてしまうようなこともあった。方や大学側も同様である。特定の教員やゼミ頼みの地域連携は、きわめて属人的な取り組みになりがちである。だが、協働による地域づくりを行っていく場合、持続的に取り組めることが肝要であり、そのためには「しくみ」や「環境」が必要なのである。

　北部連携機構の取り組みは、「システム」としての展開をめざしている。[4]地域のニーズや課題に取り組むには課題解決型の人材が求められる。それは今日の大学教育に求められる社会からの要請であるし、方や地域においても現場での取り組みや、協働の経験、そして研修といった学びのなかで人材が育ち、かつその持続的な取り組みがその層を厚くする。さらに、地域において異質で多様な主体や資源の結合によって地域にイノベーションを起こす。それを「システム」として展開することが求められるのである。

　いま、府北部においても、協働型社会にむけた機運、人材、環境が揃いつつある。それは、厳しさを増す地域の事情をみても待ったなしという社会の要請でもある。

　北部連携機構は、大学という「資源」の北部での展開をめざすものである。高齢化・若年層の流出という課題を抱える府北部地域における地域ニーズと、そのなかで若年層が活躍できるフィールドや、地域課題の解決にあたる環境を提供するなかで、次世代の府北部地域の人材育成や誘導にもつながりうる。こうした人材が地域公共人材として、地域のさまざまな課題に対し、いかなる貢献ができるのか、またその取り組みが協働型社会の実現に、また地域力再生に寄与することが期待される。

1）　地域公共人材開発機構ウェブサイト（http://colpu.org/mission.html）。
2）　2012年1月15日に福知山市にある成美大学で開催「京都府議会 総務・環境常任委員会 出前議会」における講演での発言より。

3）2012年1月15日に福知山市にある成美大学で開催「京都府議会 総務・環境常任委員会 出前議会」に参加した学生の発言より。
4）2012年1月15日に福知山市にある成美大学で開催「京都府議会 総務・環境常任委員会 出前議会」配布資料、富野暉一郎「京都発 大学と地域の連携 一般社団法人京都府北部地域・大学連携機構について」最終頁。

〔滋野浩毅＝成美大学経営情報学部准教授〕

おわりに

　本を手にされるとき、「おわりに」を先にお読みになる方もあるかもしれないが、そうした方も含めて、多少とも本書の中身に目をとめられた方には、不思議に思われるところがいくつかあるかもしれない。素朴な疑問として、最初に出てきそうなのは、そもそも本書は、どうして京都なのかという点である。この点はさらに、京都といいながら、京都市や京都府南部には言及がなく、なぜか北部中心にとりあげられているという疑問に至るかもしれない。京都の地域力といいながら、京都市内については、府庁のNPOパートナーシップセンターがとりあげられているだけである。これについて、あまり適切な解答や回答はないのだが、地域問題として日本の縮図であること、具体的には縮小社会問題や農山村地域問題に重大な関心をもたざるをえないこと、そうした問題については京都府内でも南北問題に代表されるように課題とされてきていること、そして京都府の関係者が執筆陣に多いことなどが理由としてはあげられる。

　もちろん筆者たちが、実は、都市内部であれ農山村であれ衰退しているとされるような地域の問題にかかわっており、とくに経済的な繁栄を謳歌している大都市以外の地域に深い関心をもっており、その地域の将来について、共通して深刻な懸念を抱いていることが、本書のテーマやその論じ方あるいは対象地域や課題の選択に影響しているかもしれない。しかしそれは同時に、筆者たちが、こうした地域に、どのような希望を見出すかという観点でもある。そこには、衰退地域を活性化する秘法などはないという当然の答えが予想できるし、そのためには常識的ではない相当な飛躍がどこかになければ、進まないということも確かであろう。その条件のもとで、地域をつくり直す実践とその試みの意義を明らかにする営みを、本書は試みようとしているのである。

　加えて、読者からのご批判としては、地域のつくり直しの実践といいつつ、本書で扱った「地域力の再生」と「協働の実践」は、京都府の施策であり、補

助金とその関連の事業の紹介にすぎないという指摘はありうるであろう。とりあげた事例の素材はそのとおりであるが、その実践は、そもそも行政発ではないところを含み、また行政がなしうる範囲を大きく超えているものといってよい。この施策の基本的な枠組みとして協働型を基本としていたとはいえ、実践事例からはさまざまな主体が、その地域の特性に応じて、多様な連携協力を展開しながら地域づくりを進めていく姿が明らかであり、行政施策が想定したプログラムを大きく超えた新しいローカルガバナンスが作動し始めていると考えられる。つまり、新しい地域づくりが進んでいたりその可能性が高いところで、京都府の事業が多少なりとも新しいローカルガバナンスを働かせるきっかけや促進役を果たしたということもできる。そうしたローカルガバナンスの刷新を生み出す条件や要因の分析は本書では不十分であり今後の課題としたいが、その基礎には地域の担い手の能力向上と協働実践の方法への習熟とスキルアップがあることは確実であろう。

　本書は、私たち執筆者一同が、これからの京都と日本社会に、あるいはそれと同じ道を歩みつつある世界の地域に対して贈るメッセージでもある。不可解だといわれそうであるが、私たちは、京都の概論と事例集を通じて、そこから学ぶ新たな気づきがあり、そのなかにある普遍性や一般論は、世界のなかの京都で、また日本のなかの京都で鍛え上げられたものであって、高い応用可能性をもつものと考えている。それは翻って、京都論を改めてしっかりと深めていかなければならないという私たちの課題を明らかにするとともに、実体的なものではあっても曖昧なままに使ってきた「地域力再生」と「協働実践」を、改めて現場から吟味し直すという課題を内包しているものでもある。

　本書の終わりにあたって、謝辞を記しておきたい。執筆に際しては、多くの関係者の方々にお世話になった。個別にお名前を記すことはしないが、地域づくりや協働促進にかかわってお世話になり、ご教示をいただいた皆様に深く感謝申し上げたい。なお最後になって恐縮であるが、本書公刊にご尽力くださった編集者をはじめ関係各位に改めて御礼を申し上げる次第である。

　　　2013年3月

　　　　　　　　　　　　　　　　　　　　　　　　　　新川　達郎

References

第1章
今川晃・山口道昭・新川達郎編『地域力を高めるこれからの協働―ファシリテータ育成テキスト』第一法規、2005年
斎藤文彦・白石克孝・新川達郎編『持続可能な地域実現と協働型ガバナンス―日米英の事例比較を通じて』日本評論社、2011年
財団法人東北開発研究センター監修／山田晴義・新川達郎編著『コミュニティ再生と地方自治体再編』ぎょうせい、2005年
白石克孝・新川達郎編『参加と協働の地域公共政策開発システム』日本評論社、2008年
白石克孝・新川達郎・斎藤文彦編『持続可能な地域実現と地域公共人材―日本における新しい地平』日本評論社、2011年
新川達郎編著『公的ガバナンスの動態研究―政府の作動様式の変容』ミネルヴァ書房、2011年
総務省「地域力の創造・地方の再生」http://www.soumu.go.jp/main_sosiki/jichi_gyousei/c-gyousei/index.html
地域力創造データバンク　http://www.chiiki-dukuri-hyakka.or.jp/

第2章
大久保規子「市民参加・協働条例の現状と課題」『公共政策研究』第4号（2004年）
川島毅「『あいち協働ルールブック2004』の取組」『地方財務』第603号（2004年）
小田切康彦・新川達郎「行政とNPOの協働事業に関する調査研究」『同志社政策科学研究』第10巻第1号（2008年）
横浜市市民局編「横浜市市民活動推進検討委員会報告書」1999年

第3章
後房雄「理念的協働論から契約の設計とマネジメントへ」『自治体学研究』第95巻（2007年）
大山耕輔「政府への信頼低下の要因とガバナンス」『季刊行政管理研究』第120号（2007年）
篠原一『市民参加』岩波書店、1977年
田中弥生『NPOが自立する日―行政の下請け化に未来はない』日本評論社、2006年
東京都政策報道室調査部編「行政と民間非営利団体（NPO）―東京のNPOをめぐって」1996年
内閣府「平成15年度内閣府委託調査　コミュニティ再興に向けた協働のあり方に関する調査」2004年

兵庫県「参画と協働による施策実施ガイドブック」2007年
松下圭一『自治体再構築』公人の友社、2005年
山口道昭編著『協働と市民活動の実務』ぎょうせい、2006年

第4章
内閣府「平成14年度内閣府委託調査 ソーシャル・キャピタル：豊かな人間関係と市民活動の好循環を求めて」2003年
中島恵理『英国の持続可能な地域づくり――パートナーシップとローカリゼーション』学芸出版社、2005年
原田晃樹・藤井敦史・松井真理子『NPO再構築への道――パートナーシップを支える仕組み』勁草書房、2010年
真山達志・今川晃・井口貢編著『地域力再生の政策学――京都モデルの構築に向けて』ミネルヴァ書房、2010年
京都府「京都府地域力再生プロジェクト」http://www.pref.kyoto.jp/chiikiryoku/

第5章
世古一穂『参加と協働のデザイン――NPO・行政・企業の役割を再考する』学芸出版社、2009年
新川達郎監修／「NPOと行政の協働の手引き」編集委員会編『NPOと行政の協働の手引き』大阪ボランティア協会、2003年
野村恭彦『フューチャーセンターをつくろう』プレジデント社、2012年
ピーター・F.ドラッカー著／上田惇生・田代正美訳『非営利組織の経営――原理と実践』ダイヤモンド社、1991年

第6章
金川幸司『協働型ガバナンスとNPO――イギリスのパートナーシップ政策を事例として』晃洋書房、2008年
世古一穂編著『協働コーディネーター――参加協働型社会を拓く新しい職能』ぎょうせい、2007年
吉田忠彦編著『地域とNPOのマネジメント』晃洋書房、2005年
京都府府民生活部府民力推進課協働コーディネーター「地域力再生プラットフォームのすすめ」http://www.pref.kyoto.jp/chiikiryoku/documents/1330495388258.pdf

第7章
高浦康有「異質な組織のコラボレーション――NPOと企業の協働ケースの評価・分析」『日

本経営倫理学会誌』第11号（2004年）
Dorado, S., Giles, E. G. and Welch, T. C., Delegation of Coordination and Outcomes in Cross-Sector Partnerships: The Case of Service Learning Partnerships, *Nonprofit and Voluntary Sector Quarterly*, 38（3）, 2009, pp.368-391
Schwarz, R. M., *The Skilled Facilitator: A Comprehensive Resource for Consultants, Facilitators, Managers, Trainers and Coaches*, 2e, Jossey-Bass, 2002（寺村真美・松浦良高訳『ファシリテーター完全教本—最強のプロが教える理論・技術・実践のすべて』日本経済新聞社、2005年）
コミュニティシンクタンク「評価みえ」「事業評価システム2000 Standard For Collaboration」http://www.hyouka.org/pdf/2000C11.pdf

第8章

佐藤満・神田浩之・油屋祐輝・岩崎紘也・河村有修・高見正明・前田萌「京都府による『地域力再生プラットフォーム』の取組み—亀岡市大槻並における事例から」『政策科学』第19巻第2号（2012年）

中川重年「本物の里山をどう生かす—里山を活用した低炭素環境コミュニティーのモデルづくり」『産学官連携ジャーナル』第6巻第5号（2010年）

山田啓二「地域力再生プロジェクトの挑戦」真山達志・今川晃・井口貢編著『地域力再生の政策学—京都モデルの構築に向けて』ミネルヴァ書房、2010年

亀岡市「亀岡市の人口・行政区別人口統計表」http://www.city.kameoka.kyoto.jp/uketsuke/shise/toke/jinko/h231201.html

亀岡市「平成22年版亀岡市統計書」http://www.city.kameoka.kyoto.jp/bunshokanri/shise/toke/tokesho/documents/1totikisyou_2.pdf

京都府「京都府の大学と地域をつなぐポータルサイト『知』のデータベース・大槻並研究会」http://www.chinodb.pref.kyoto.lg.jp/contents.php?action_record&id=76

第9章

特定非営利活動法人遊プロジェクト京都『KYOTO100 まちなび』宮帯出版社、2012年

京都府「地域力再生プラットフォーム『京都水車ネットワーク』」http://www.pref.kyoto.jp/chiikiryoku/1317795733072.html

京都府南丹広域振興局「『名水の里杉山フェスタ～第3回水車サミット』大盛況」http://www.pref.kyoto.jp/nantan/1324426995379.html

第10章

櫻井晃人「『Iターン・Uターン』から『自立』へ」『地域開発』第577号（2012年）

特定非営利活動法人遊プロジェクト京都『KYOTO100 まちなび』宮帯出版社、2012年
山田啓二「『地域力』を紡ぎ出す」『地域開発』第577号（2012年）
NPO法人京都丹波・丹後ネットワーク「2011年度事業報告書」http://www.kyoto-tantan.net/pdf/2011/2011j.pdf
NPO法人丹波みわ　http://www.tanba-miwa.net/
大庄屋上野家　http://www.uenoke.com/
京都府「里の人づくり事業の概要」http://www.pref.kyoto.jp/inochinosato/documents/1306282103820.pdf
京都府中丹広域振興局「雲原砂防を活かした取り組み（中丹西土木事務所）」http://www.pref.kyoto.jp/chutan/doboku-nisi/kasen-nisi02.html
京都府中丹パートナーシップセンター　http://www.yuragawa.net/
京都府「共に育む『命の里』」http://www.pref.kyoto.jp/inochinosato/index.html
雲原村総合案内ブログ　http://blogs.yahoo.co.jp/fmyostaff/
公益活動ポータルサイトきょうえん「京都丹波・丹後ネットワーク団体情報」http://fields.canpan.info/organization/detail/1521454247
コ宝ネット　http://kodakaranet.blogspot.jp/
チャレンジつねよし百貨店　http://e-mura.jp/tsuneyoshi
常吉村営百貨店　http://www.agr-k.or.jp/~kyoto-j/info/shop/omiya/shop_tsu.htm

第11章

一方井誠治「自転車活用型のエコツーリズムを提案する」『地域開発』第577号（2012年）
櫻井あかね「地域活性化のコトおこし—舞鶴市における新産業起業」『地域開発』第577号（2012年）
杉岡秀紀「わが国における『地域公共人材』育成に関する一考察—京都における『地域資格認定制度』とその『社会的認証』の取組み」『同志社政策研究』第4号（2010年）
杉岡秀紀「地域活性化に貢献できる地域公共人材」『地域開発』第577号（2012年）
富野暉一郎「京都府北部における地域・大学連携プラットフォームの創設」『地域開発』第572号（2012年）
龍谷大学地域協働総合センター地域公共人材大学連携事業「平成23年度文部科学省先導的大学改革推進委託事業『大学の人材養成機能を活用した地域課題解決方策に関する実証的調査研究』報告書」2012年
iSB公共未来塾　http://zenkoku.i-sb.org/
京都丹波三和荘ブログ　http://blog.livedoor.jp/tanbamiwaso/
京都府「京の力、明日の力—多様な主体の協働・連携による地域力再生支援プラン（最終決定版）」http://www.pref.kyoto.jp/chiikiryoku/documents/24plan-kaitei.pdf

【執筆者紹介】（執筆順，＊は編者）

＊新川　達郎	同志社大学政策学部教授	はじめに・第1章・おわりに
小田切康彦	同志社大学高等研究教育機構特任助教	第2章・第3章・第7章
梅原　　豊	京都府府民生活部副部長	第4章
鈴木　康久	京都府府民生活部府民力推進課課長	第5章・第6章
神田　浩之	京都府府民生活部府民力推進課副課長	第8章・第9章
滋野　浩毅	成美大学経営情報学部准教授	第10章・第11章

Horitsu Bunka Sha

京都の地域力再生と協働の実践

2013年5月15日　初版第1刷発行

編　者　新　川　達　郎
発行者　田　靡　純　子
発行所　株式会社　法律文化社

〒603-8053
京都市北区上賀茂岩ヶ垣内町71
電話 075(791)7131　FAX 075(721)8400
http://www.hou-bun.com/

＊乱丁など不良本がありましたら、ご連絡ください。
　お取り替えいたします。

印刷：西濃印刷㈱／製本：㈱藤沢製本
装幀：谷本天志
ISBN 978-4-589-03517-2
Ⓒ 2013 Tatsuro Niikawa Printed in Japan

JCOPY　<(社)出版者著作権管理機構　委託出版物>

本書の無断複写は著作権法上での例外を除き禁じられています。複写される
場合は、そのつど事前に、(社) 出版者著作権管理機構（電話03-3513-6969、
FAX03-3513-6979、e-mail: info@jcopy.or.jp）の許諾を得てください。

村上 弘・田尾雅夫・佐藤 満編 **京都市政 公共経営と政策研究** A5判・248頁・3360円	1980年代から2005年までの京都市の政策・経営をたどる実証研究。産業、景観、大学、文化など特徴的な政策を取り上げ、政策化の過程を分析する。自治体の財政危機が取り沙汰されるいま、地方自治のあり方を考える上で有益。
田尾雅夫著 **市民参加の行政学** A5判・212頁・2835円	地方自治体（公共セクター）における市民参加のための組織論化を提示する。市民運動が組織化され市民参加に至る過程を整理するなかから、従来の組織論に対置する組織生成過程を理論化した組織論の整備を試みる。
北川正恭・縣公一郎・総合研究開発機構編 **政策研究のメソドロジー** ―戦略と実践― A5判・366頁・3465円	政策評価や都市・自治体でのマネジメント論などの理論的手法、市民やシンクタンクなど政策にかかわる多様なアクターなどを通して新たな公共政策のあり方を提唱。政策を科学的に分析・調査・評価する力を養う。
ジュリアン・ルグラン著／後 房雄訳 **準市場 もう一つの見えざる手** ―選択と競争による公共サービス― A5判・194頁・2625円	医療、教育、社会サービスをいかに公平かつ効率よく提供するか。新自由主義と社会民主主義の相克を超えて、日本における社会政策改革の「第三の道」を示唆する。幅広い読者層に向けられた「準市場」理論のわかりやすい解説書。
市川喜崇著 **日本の中央－地方関係** ―現代型集権体制の起源と福祉国家― A5判・278頁・5670円	"明治以来の中央集権体制"は、いついかなる要因で成立したのか？ 現在進行中の地方分権改革が変革の対象としている集権体制の歴史的形成過程を辿り、それが占領期に大きな変容を遂げていることを鮮やかに描き出す。

――法律文化社――

表示価格は定価（税込価格）です